勘察设计企业资质申报应用指南

刘晓东 付奎英 高 翔 朱 倩 主编

中国建设科技出版社

北 京

图书在版编目(CIP)数据

勘察设计企业资质申报应用指南/刘晓东等主编.
北京：中国建设科技出版社，2024.11. -- ISBN 978-7-5160-3455-2

Ⅰ.F426.9-62

中国国家版本馆CIP数据核字第2024BQ8256号

内容简介

本书首先介绍了我国勘察设计资质管理制度历史沿革和现行勘察设计资质管理制度的主要内容。在以上内容的基础上，针对勘察设计资质的申请及审批、业务类型、审批机构及申请流程进行了详细的介绍；对勘察设计资质申报中的要点，结合《工程勘察、设计资质申请表》和《专业技术人员基本情况及业绩表》进行了逐项讲解。为了提高本书的实用性，作者将勘察设计资质评审意见示例和常见问题解答作为两个独立篇章进行编写。最后，将我国现行勘察设计资质管理制度的主要政策文件作为附录，便于查找使用。

本书适用于勘察设计企业领导、从事资质管理的工作人员及勘察设计资质业务主管部门负责人、工作人员阅读，也可作为高等院校师生、培训机构学员学习勘察设计资质管理制度的参考资料。

勘察设计企业资质申报应用指南
KANCHA SHEJI QIYE ZIZHI SHENBAO YINGYONG ZHINAN
刘晓东　付奎英　高　翔　朱　倩　主编

出版发行：中国建设科技出版社
地　　址：北京市西城区白纸坊东街2号院6号楼
邮　　编：100054
经　　销：全国各地新华书店
印　　刷：北京印刷集团有限责任公司
开　　本：787mm×1092mm　1/16
印　　张：11
字　　数：260千字
版　　次：2024年11月第1版
印　　次：2024年11月第1次
定　　价：59.00元

本社网址：www.jccbs.com，微信公众号：zgjskjcbs
请选用正版图书，采购、销售盗版图书属违法行为
版权专有，盗版必究。本社法律顾问：北京天驰君泰律师事务所，张杰律师
举报信箱：zhangjie@tiantailaw.com　　举报电话：(010) 63567684
本书如有印装质量问题，由我社事业发展中心负责调换，联系电话：(010) 63567692

前　言

工程勘察设计行业是国民经济的基础产业之一，是现代服务业的重要组成部分。根据住房城乡建设部发布的《2023年全国工程勘察设计统计公报》显示，2023年全国共有29352个具有工程勘察设计资质的企业参加了统计，同比增长6.3%。其中，具有工程勘察资质的企业3081个，占10.5%；具有工程设计资质的企业26271个，占89.5%。2023年，具有工程勘察设计资质的企业年末从业人员482.7万人，年末专业技术人员240.7万人，同比增长2.2%。

工程勘察设计是工程建设的基本程序之一，工程勘察设计直接关系到固定资产投资效益，关系到公众利益和人民生命财产安全。因此，我国对勘察设计企业实行市场准入制度，勘察设计企业取得资质后才能开展相应的勘察设计业务。

我国现行的工程勘察设计企业资质管理制度是20世纪80年代建立的，经过几十年的发展，已经形成了一套相对比较完善的法律法规、技术标准和市场管理体系。特别是在2004年7月1日正式实施《中华人民共和国行政许可法》以后，建设行政主管部门按照合法、效能、规范的原则，对勘察设计企业资质申请的资质许可程序、期限以及准入条件进行了全面的规范，建立起便民、高效、规范、依法行政的勘察设计企业资质行政许可管理体制。

勘察设计企业资质的申请及管理是一项政策性、系统性、专业性很强的工作，涉及对政策和标准的理解，以及填表、材料准备等操作中的众多实际问题。为了更好地帮助勘察设计企业准确地理解和掌握勘察设计资质政策，提高资质申请和管理工作的效率，我们编制了《勘察设计企业资质申报应用指南》，从实际操作的角度对勘察设计资质申报进行了详细讲解。

此外，针对勘察设计资质政策会根据相关情况变化进行实时修订的特点，我们把现行勘察设计资质政策文件历次修改、修订的内容进行整合，形成最新版的政策文件。这部分内容作为附录，便于读者查找和使用。为了让读者及时掌握最新的勘察设计资质政策，我们还配套了公众号（east-space），读者可以扫描右面的二维码进行关注。

本书在编写过程中，参考了住房城乡建设部颁布的相关政策文献，得到了相关部门的大力支持，谨在此诚表深深的敬意和谢意。由于时间仓促，加之作者水平有限，书中疏漏在所难免，敬请专家、同仁和读者不吝赐教，使本书能更好地为广大读者服务。

目 录

第一章 勘察设计资质管理制度历史沿革 ... 1

- 第一节 1980年前我国勘察设计单位情况概括 ... 1
- 第二节 勘察设计制度建立 ... 1
- 第三节 "办法"第一次修订 ... 2
- 第四节 "办法"第二次修订 ... 3
- 第五节 "管理办法"升级为"管理规定" ... 3
- 第六节 "管理规定"第一次修订和"资质标准"第三次修订 ... 4
- 第七节 "管理规定"第二次修订和"资质标准"第四次修订 ... 5

第二章 现行勘察设计资质管理制度的主要内容 ... 9

- 第一节 一个部令 ... 9
- 第二节 两个标准 ... 9
- 第三节 两个实施办法 ... 9
- 第四节 若干规范性文件 ... 10

第三章 勘察设计资质的申请及审批 ... 16

- 第一节 勘察设计资质主管部门 ... 16
- 第二节 勘察设计资质分类和分级 ... 16
- 第三节 勘察设计资质的业务类型 ... 18
- 第四节 勘察设计资质审批机构及申请流程 ... 19
- 第五节 勘察设计资质证书领取 ... 21
- 第六节 勘察设计资质证书使用 ... 22

第四章 勘察设计资质申报要点 ... 24

- 第一节 《工程勘察、设计资质申请表》的填写 ... 24
- 第二节 《专业技术人员基本情况及业绩表》如何填写 ... 30
- 第三节 树立三个认识 ... 31

第五章 勘察设计资质评审意见示例 ········· 33
第一节 勘察资质评审意见示例 ········· 33
第二节 设计资质评审意见示例 ········· 34

第六章 勘察设计资质申报常见问题解答 ········· 42

附录 ········· 47

1. 建设工程勘察设计资质管理规定 ········· 47
2. 关于印发《建设工程勘察设计资质管理规定实施意见》的通知 ········· 55
3. 住房城乡建设部关于印发《工程勘察资质标准》的通知 ········· 66
4. 住房城乡建设部关于印发《工程勘察资质标准实施办法》的通知 ········· 79
5. 关于印发《工程设计资质标准》的通知 ········· 101
6. 关于印发《工程设计资质申请表》的通知 ········· 110
7. 住房城乡建设部关于促进建筑工程设计事务所发展有关事项的通知 ········· 128
8. 关于对人防工程设计资质管理有关问题的复函 ········· 131
9. 关于取得建筑行业及建筑工程专业设计资质企业申请建筑装饰工程等六类专项资质有关问题的通知 ········· 132
10. 关于在工程设计资质审批中注册人员考核有关问题的函 ········· 133
11. 住房城乡建设部关于调整工程设计综合资质中年度工程勘察设计营业收入指标考核有关问题的通知 ········· 134
12. 住房城乡建设部关于建设工程企业资质管理资产考核有关问题的通知 ········· 135
13. 住房城乡建设部办公厅关于进一步推进勘察设计资质资格电子化管理工作的通知 ········· 137
14. 住房城乡建设部办公厅关于简化建设工程企业资质申报材料有关事项的通知 ········· 139
15. 住房和城乡建设部关于取消部分部门规章和规范性文件设定的证明事项的决定 ········· 140
16. 关于取消部分部门规章规范性文件设定的证明事项（第二批）的决定 ········· 143
17. 住房和城乡建设部办公厅关于做好建筑业"证照分离"改革衔接有关工作的通知 ········· 148
18. 住房城乡建设部关于进一步加强建设工程企业资质审批管理工作的通知 ········· 152
19. 住房城乡建设部办公厅关于做好有关建设工程企业资质证书换领和延续工作的通知 ········· 155

20. 住房城乡建设部办公厅关于进一步加强全国建筑市场监管公共服务
    平台项目信息管理的通知 ·· 157
21. 关于建设部批准的建设工程企业办理资质证书变更
    和增补有关事项的通知 ··· 159
22. 住房城乡建设部关于印发《建设工程企业资质申报弄虚作假
    行为处理办法》的通知 ··· 165

参考文献 ·· 168

第一章
勘察设计资质管理制度历史沿革

我国的勘察设计资质管理制度建立于20世纪80年代，至今已有40余年的发展历程。勘察设计资质管理规定（办法）和勘察设计资质标准是我国勘察设计资质管理制度的核心内容。40余年的发展历程中，勘察设计资质行政主管部门先后发布了6个版本的勘察设计资质管理规定（办法）和5个版本的勘察设计资质标准。下面简要介绍一下我国勘察设计资质管理制度历史沿革情况。

第一节 1980年前我国勘察设计单位情况概括

20世纪50年代初，民国时期的私有事务所退出历史舞台，我国开始引入苏联的勘察设计管理体制，对工程勘察设计单位实行完全的计划经济。在这一阶段，工程勘察设计单位为各相关国家部门所属的事业单位（比如原建筑工程部的北京市工业设计研究院有限公司、华建集团华东建筑设计研究院有限公司等六大建筑院，原重工业部设计局设计院等），接受国家计划的勘察、设计任务，并领取国家事业费，工程勘察设计市场没有形成，国家也没有实行统一的市场准入管理制度。

1978年12月18日—22日，中国共产党第十一届中央委员会第三次全体会议在北京举行。会上重新确立解放思想、实事求是的思想路线；做出把党和国家的工作重心转移到经济建设上来，实行改革开放的伟大决策。这些顶层设计为工程勘察设计单位资质管理制度确立提供了前提条件。

第二节 勘察设计制度建立

1979年，党中央、国务院对工程勘察设计单位做出了"要逐步实现企业化"的决定，同年开始进行企业化取费试点。勘察设计单位由国家发放事业费逐步向企业化的收取设计费转变，标志着勘察设计市场的形成。勘察设计资质作为勘察设计市场准入制度应运而生。

勘察设计单位资质管理制度本质上是工程勘察设计准入制度，是勘察设计市场形成的产物，是在勘察设计单位由事业单位向企业化管理改革过程中产生的。当然，这个阶段勘察设计单位仍属事业单位，但国家不再按人头拨给事业费，改为收取设计费，实行企业化管理的事业单位。

我国勘察设计单位资质认证制度开始于1980年，是各行业中实施认证制度最早的行业。

1980年3月16日，原国家基本建设委员会发布了《关于印发〈对全国勘察设计单位进行登记和颁发证书的暂行办法〉的通知》[（80）建发设字100号]（以下简称"办法"）。原国家基本建设委员会决定于1980年、1981年两年内对全国从事基本建设的勘察设计单位进行登记，经审查批准后，由主管部门颁发勘察设计证书。勘察设计证书按勘察设计单位的隶属关系范围分中央和地方两级管理。国务院有关各部所属的勘察设计单位的证书由原国家基本建设委员会统一印刷后交国务院有关各部颁发；地方所属的勘察设计单位的设计证书由各省、自治区、直辖市建设委员会统一印制和颁发。全国专门从事基本建设勘察设计工作的独立的勘察设计单位，必须向有关主管部门办理登记手续，经审查批准，发给勘察设计证书。从1982年2月1日起，凡是列入中央和地方计划的基本建设项目的勘察设计任务，必须由取得证书的勘察设计单位承担。建设单位不能委托未取得证书的单位进行勘察设计，否则，对所设计的工程施工单位不得施工，银行不予拨款，竣工验收部门不得验收。同时也规定了发证必须具备的条件和审批权限等。

1981年1月30日，原国家基本建设委员会发布了《关于印发〈对全国勘察设计单位进行登记和颁发证书的补充办法〉的通知》[（81）建发设字34号]，登记和发证主要是在1979年12月31日以前成立的勘察设计单位中进行，全国勘察设计单位的登记、发证工作，在1981年年底前完成。

这是中华人民共和国成立后有关部门第一次在全国范围内对勘察设计单位进行资格认证。

第三节 "办法"第一次修订

1983年，全国勘察设计单位普遍实行了技术经济责任制，承担任务的办法从过去单一的行政下达任务改为既有指令计划，又有市场调节，并规定按收费标准收取设计费。这一改革使勘察设计队伍得到迅速发展，人数由1980年的31万人增加到1986年年底的54.5万人，因此改革初期较为简单的相关的工程勘察设计单位资格认证管理办法已经难以适应勘察设计队伍发展的需要。

1986年6月30日，原国家计划委员会修订颁发了《全国工程勘察设计单位资格认证管理暂行办法》（计设〔1986〕1137号）（以下简称《暂行办法》），这是在全国范围内对勘察设计单位进行的第二次资格认证。

《暂行办法》把原来按大中型、小型项目分类的两种证书并为"工程勘察设计"合一的证书，分为"工程勘察证书"和"工程设计证书"两种。并按技术能力等要求划分甲、乙、丙、丁四级，组织了工、交、农、林、商等部门分别制定了各自行业的分级标准。在管理办法上主要是按隶属关系认证管理。《暂行办法》规定我国的工程勘察单位、设计单位，必须经过资格认证，获得工程勘察证书或工程设计证书，才能承担工程勘察任务或工程设计任务。按照新办法，1986—1987年，对全国持证单位重新进行审查和认证。

1986年8月18日，原城乡建设环境保护部、原国家计划委员会发布了《关于〈全国工程勘察、设计单位资格认证管理暂行办法〉有关问题的补充通知》。城乡建设（包括建筑、市政、园林、规划等）勘察、设计单位资格分级标准，由原城乡建设环境保护部制定。甲级证书由各省、自治区、直辖市主管部门审查、签署定级意见，报原城乡建设环境保护部审查，经原国家计划委员会平衡后由原城乡建设环境保护部盖章颁发；乙、丙、丁级单位因数量较多，由各省、自治区、直辖市勘察设计主管部门按照原城乡建设环境保护部规定的分级标准审查，盖章颁发。勘察、设计证书由原国家计划委员会统一印制。

1986年8月29日，原国家计划委员会发布了《关于执行〈全国工程勘察、设计单位资格认证管理暂行办法〉有关问题的通知》（计设〔1986〕1661号）。凡经主管部门审查定为甲级的工程勘察、设计单位，经原国家计划委员会平衡后发给证书，证书由国务院主管部门盖章颁发。

第四节 "办法"第二次修订

随着行业的发展和基本建设政策的调整，1986年第一次修订后的"办法"也暴露出一些问题，主要是：①对收费资格没有管理办法，收费单位与事业单位没有区别，市场准入条件不公平、不平等；②对跨行业乙级以下资质的各审查部门标准不一，使持证单位水平差距较大，设计质量难以保证。

第二次修订将资质"管理办法"与"资质标准"进行了分开发布。原建设部作为勘察设计资质归口管理部门，于1991年7月22日和1992年7月8日分别发布了《关于印发〈工程勘察和工程设计单位资格管理办法〉的通知》（建设〔1991〕504号）和《关于颁发工程勘察和工程设计资格分级标准的通知》（〔1992〕434号）。但是，这两个文件只是顶层的规定，各个行业资质分级标准由各个行业的主管部门进行制定，制定好后，由各个行业的主管部门与原建设部共同发布实施。由于种种原因，各个行业主管部门发布资质分级标准的时间跨度非常大，比如，原建设部城市建设司发布的《市政公用行业工程设计资格分级标准》〔建设部（92）城建技便字第4号〕于1992年7月1日实施，而原建设部会同原国家海洋局等有关部门制定的《关于颁发〈海洋工程勘察资质分级标准〉的通知》（建设〔2001〕217号）在2001年10月29日才由原建设部印发（该标准实施后至今未进行修订）。

第五节 "管理办法"升级为"管理规定"

1996年3月17日，第八届全国人民代表大会第四次会议通过《中华人民共和国行政处罚法》，自1996年10月1日起施行。根据该法的要求，《关于印发〈工程勘察和工程设计单位资格管理办法〉的通知》（建设〔1991〕504号）不具备处罚权限，需要上升到部令或条例才能符合法律的要求。基于该背景，1997年12月23日，以建设部令第60号文发布了《建设工程勘察和设计单位资质管理规定》，自1998年1月1日起施行，原建设部《工程勘察和工程设计单位资格管理办法》（建设〔1991〕504号）同时废止。

第六节　"管理规定"第一次修订和"资质标准"第三次修订

1997年11月1日，第八届全国人民代表大会常务委员会第二十八次会议通过《中华人民共和国建筑法》，自1998年3月1日施行；1999年8月30日，第九届全国人民代表大会常务委员会第十一次会议通过《中华人民共和国招标投标法》，自2000年1月1日起施行；2000年1月30日，国务院令第279号发布的《建设工程质量管理条例》，自2000年1月30日施行。以上"两法两条例"颁布实施后，为了贯彻新的法律规定，《建设工程勘察和设计单位资质管理规定》（建设部令第60号）需要进行修订。

2001年7月25日，以建设部令第93号文发布了《建设工程勘察设计企业资质管理规定》，1997年12月23日，原建设部颁布的《建设工程勘察和设计单位资质管理规定》（建设部令第60号）同时废止。

其间，为进一步深化勘察设计行业体制改革，清理整顿勘察设计市场，推进注册建筑师、注册结构工程师执业制度的实施。1999年1月14日，原建设部印发了《关于开展换发建筑工程设计资质证书工作的通知》（建设〔1999〕9号），随文印发《建筑工程设计资质分级标准》和《关于整顿勘察设计市场和换发建筑工程设计资质证书若干问题的规定》。这是首次在工程勘察设计单位资格审查中把个人执业资格（注册建筑师和注册结构工程师）作为一项重要的考核内容。

2001年1月20日，原建设部发布了《关于颁发〈工程勘察资质分级标准和工程设计资质分级标准〉的通知》（建设〔2001〕22号），对《关于颁发工程勘察和工程设计资格分级标准的通知》（〔1992〕434号）进行了修订。修订后的文件包括《工程勘察资质分级标准》《工程设计资质分级标准》和《工程勘察资质分级标准和工程设计资质分级标准编制说明》。按新标准规定，工程设计行业资质划分为煤炭、化工、石化、医药等21个行业。同时明确工程设计专项资质的设立需由相关行业部门或授权的行业协会提出，并经原建设部批准。

《关于颁发〈工程勘察资质分级标准和工程设计资质分级标准〉的通知》（建设〔2001〕22号）和1997年11月23日公安部、原建设部发布的《关于印发〈消防设施专项工程设计证书管理办法〉和〈消防设施专项工程设计资格分级标准〉的通知》（公通字〔1997〕60号），1998年10月19日，原建设部发布的《关于建立〈建筑智能化系统工程设计和系统集成专项资质及开展试点工作〉的通知》（建设〔1998〕194号），2000年6月30日，原建设部发布《关于印发〈轻型房屋钢结构工程设计专项资质管理暂行办法〉和〈建筑幕墙工程设计专项资质管理暂行办法〉的通知》（建设〔2000〕126号），2000年12月13日，原建设部发布《关于印发〈建筑工程设计事务所管理办法〉的通知》

(建设〔2000〕285号),2001年1月9日,原建设部发布了《印发〈关于加强建筑装饰设计市场管理的意见〉和〈建筑装饰设计资质分级标准〉的通知》(建设〔2001〕9号),组成了2001版设计资质标准的主要内容。

从2001年年底,原建设部按照新的资质标准对原具有工程勘察、工程设计证书(不包括专项工程设计证书)的企业审核换证,2004年3月24日换证工作结束。自2004年5月1日起,原建设行政主管部门颁发的工程勘察证书、工程设计证书一律失效。2001版资质分级标准开始全面实施。

第七节 "管理规定"第二次修订和"资质标准"第四次修订

2001版资质分级标准历史性地打破了部门界限,从工程建设项目设计类型出发,合并了相关行业、专业,促进了企业业务范围的拓宽和向做大做强方向的发展,推动了统一市场的建立。同时通过专项资质标准的设置,给中小企业做精做专提供了平台,形成了市场上不同层面的竞争态势,增强了企业的市场竞争力。2001版资质分级标准为我国建立一批以设计为主导的工程公司和技术先进的专业化设计企业发挥了积极作用。但是随着勘察设计市场的发展、2004年7月1日《中华人民共和国行政许可法》的公布实施、我国加入WTO的新形势的需要,2001版"管理规定"(建设部令第93号)中的有些规定已经不符合市场的实际状况和《中华人民共和国行政许可法》的要求,2001版"资质标准"中的有些条件设置也不符合市场需求和企业发展的需要。

基于以上背景,2007年3月29日,原建设部发布了《关于印发〈工程设计资质标准〉的通知》(建市〔2007〕86号)。《关于颁发〈工程勘察资质分级标准和工程设计资质分级标准〉的通知》(建设〔2001〕22号)中"工程设计资质分级标准"同时废止。2007年6月26日,以原建设部令160号文发布了《建设工程勘察设计企业资质管理规定》,1997年12月23日,原建设部颁布的《建设工程勘察和设计单位资质管理规定》(建设部令第93号)同时废止。

《关于印发〈工程设计资质标准〉的通知》(建市〔2007〕86号)对《工程设计资质分级标准》(建设〔2001〕22号)、《建筑装饰设计资质分级标准》(建设〔2001〕9号)、《建筑智能化系统工程设计和系统集成专项资质管理暂行办法》(建设〔1998〕194号)、《关于印发〈轻型房屋钢结构工程设计专项资质管理暂行办法〉和〈建筑幕墙工程设计专项资质管理暂行办法〉的通知》(建设〔2000〕126号)、《消防设施专项工程设计资格分级标准》(公通字〔1997〕60号)、《建筑工程设计事务所管理办法》(建设〔2000〕285号)等文件进行了修订,形成了2007版的《工程设计资质标准》。

《建设工程勘察设计企业资质管理规定》(建设部令第160号)修订的主要内容如下。

1. 按照《中华人民共和国行政许可法》公平、公正、公开、便民的原则,进一步简化办事程序,明晰审批制度。如将资质审查由以前的定期受理改为随时受理;减少了审查时限,对甲级资质企业的审批时间从以前的几个月减少到60天;进一步明确了建设工程资质申报及变更程序、材料内容、审批方式等内容;简化了企业资质变更等的办理手续和时限，除企业名称外的资质证书的变更由省级建设行政主管部门办理，一般变更2个工作日内办理完毕等。

2. 下放资质审批权限，加强地方资质审批和市场管理工作内容。实行资质分级审批，将除铁路、交通、水利、信息产业、民航5个行业以外的工程设计乙级及以下级别资质的审批权下放省级建设行政主管部门。进一步加强了省级建设行政主管部门在资质审批及市场监管中的作用。

3. 取消了资质年检工作，改为资质动态管理，加强企业后续监管措施。取消年检并非放松市场监管，而是要全面建立诚信档案管理制度，对企业市场行为实行动态管理制度并对资质设立有效期。新的资质标准对资质设立5年有效期，企业资质有效期满后经考核基本人员等条件及企业诚信状况，符合条件的即给予延续。这样处理，既能解决年检取消后对企业的市场监管问题，又不会对企业造成很大的负担。

《关于印发〈工程设计资质标准〉的通知》（建市〔2007〕86号）将工程设计资质分为工程设计综合资质、工程设计行业资质、工程设计专业资质和工程设计专项资质4个序列，取消主导工艺资质的设置，将原来的主导工艺资质并入修订后的相应专业资质中。修订的主要内容如下。

1. 完善了综合资质内容。综合资质只设甲级，在考核内容上重点体现鼓励大型设计企业向工程公司方向发展的指导思想，围绕企业信誉和技术能力设定考核条件。考核条件中除包含综合工程设计能力的指标外，还增加了企业实力的考核，包括营业收入或企业营业税金及附加在行业内的排名情况，具有2个行业甲级资质，具有设计、施工、监理方面的注册人员，具有专利或专有技术，具有获奖工程，参与国家标准编制等。考核条件可归纳为"资历和信誉、技术条件、技术装备及管理水平"3个方面。

综合资质突出强调了企业的技术创新能力。按照已经颁布的新标准，企业没有一定的技术积累将不可能获得综合资质。综合资质的条件不只是考核注册资本、业绩和技术人员，更要考核企业是否拥有专利、专有技术和工艺包并要求至少有3项；还要求企业获得全国优秀工程设计奖、勘察奖及国家科学技术进步奖不少于5项；还要求企业具有参与编写国家、行业工程建设标准规范的能力。此外，要求企业在管理上要具有完善的管理体系和制度。综合资质重视企业的技术创新能力和技术积累，从而推进企业重视科技投入，以技术统领设计的发展，更好地推进设计行业技术创新，提供符合建设资源节约型社会的设计作品，提高设计行业总体技术水平。

本着控制数量、稳步发展的原则，综合资质对申报企业在资历和信誉方面做了一些规定：包括"近3年年平均工程勘察设计营业收入不少于10000万元，且近5年内2次工程勘察设计营业收入排名在全国列前50名以内；近5年内2次企业营业税金及附加排名在全国列前50名以内"。这些规定是根据当时国内设计企业的情况，经过调研形成的。通过这些规定，有条件获得工程设计综合资质的企业将控制在40家左右，这些大型企业能够利用政策的扶持，迅速做大做强，发挥行业的带动作用。

工程设计综合资质的出台将对大型工程设计企业从政策上起到巨大的促进和扶持作用。取得综合资质的企业，可以承接21个行业的设计任务，规模没有限制。为保证设计质量，规范设计企业市场行为，防止转包和挂靠违规行为，规定取得综合资质的企业在承接工程项目设计时，须满足标准中与所承接工程项目对应的设计类型对人员配置的要求。这种合理组合人力资源的方式，将极大地推进设计企业向做大做强的工程公司方向发展，推动企业开展工程总承包，提高企业市场竞争力。

2. 突出对注册执业人员的考核。按照注册制度的实施框架，落实注册执业人员的责任，在主导专业中尽量考核注册人员。参照注册人员的条件明确了对主导专业非注册人员的考核条件为具备大专以上学历、中级职称及10年以上的设计工作经历。这有利于落实设计责任，也符合设计行业的技术特点，将更好地发挥专业人才作用，促进个人执业资格制度的推行。

3. 将主导工艺资质调整为专业资质。原设计资质标准序列中设置了一些主导工艺资质，当时设立主导工艺资质是为了解决2001年资质换证前已经存在的以工艺设计研究为主的科研院所从事工程设计的市场准入问题，主导工艺设计的范围确定为只能从事某行业工程项目的工艺设计。随着工程设计市场的发展，建设单位大多采用整体工程设计或工程总承包方式发包工业设计项目。经过几年的发展，具有一定实力的科研院所大部分都配备了公用土建的专业人员，可以获批专业设计资质。因此，不再单独设置主导工艺资质。

4. 增加了两个专项资质。根据设计行业的发展需求，对已形成产业的专项技术独立进行设计，在现有建筑装饰、消防设施、建筑智能化、轻型钢结构、建筑幕墙、环境工程这6个专项设计资质的基础上，增加了风景园林和照明工程两个专项资质并将原先只设甲级的建筑智能化专项资质分为甲、乙两级。

5. 增加了设立设计事务所资质的企业形式。为促进建筑设计专业化的发展，提高建筑设计的质量和水平，不断繁荣建筑创作，参照国外对事务所的设立形式的要求，在保留原标准中设立合伙企业形式的事务所的同时，新标准中允许设立有限责任（股份）公司形式的事务所，即建筑事务所可以依照《中华人民共和国合伙企业法》设立合伙企业，承担无限责任；也可以依照《中华人民共和国公司法》设立有限责任公司（股份有限公司），承担有限责任。

《建设工程勘察设计资质管理规定》（建设部令第160号）和《关于印发〈工程设计资质标准〉的通知》（建市〔2007〕86号）实施后，《关于颁发〈工程勘察资质分级标准和工程设计资质分级标准〉的通知》（建设〔2001〕22号）中"工程勘察资质分级标准"没有同步进行修订。2013年1月21日，住房城乡建设部发布了《关于印发〈工程勘察资质标准〉的通知》（建市〔2013〕9号），对"工程勘察资质分级标准"进行了修订，并于2013年6月7日发布了《关于印发〈工程勘察资质标准实施办法〉的通知》（建市〔2013〕86号）。

勘察设计资质制度沿革见表1-1。

表1-1 勘察设计资质制度沿革

历程	主要文件	主管部门	发布时间
制度建立	《关于印发〈对全国勘察设计单位进行登记和颁发证书的暂行办法〉的通知》〔（80）建发设字100号〕	原国家基本建设委员会	1980年3月16日
第一次修订	《全国工程勘察设计单位资格认证管理暂行办法》（计设〔1986〕1137号）	原国家计划委员会	1986年6月30日

续表

历程	主要文件	主管部门	发布时间
第二次修订	《关于印发〈工程勘察和工程设计单位资格管理办法〉的通知》（建设〔1991〕504号）	原建设部	1991年7月22日
	《关于颁发工程勘察和工程设计资格分级标准的通知》（〔1992〕434号）	原建设部	1992年7月8日
管理办法升级为管理规定	《建设工程勘察和设计单位资质管理规定》（建设部令第60号）	原建设部	1997年12月23日
管理规定第一次修订	《建设工程勘察设计企业资质管理规定》（建设部令第93号）	原建设部	2001年7月25日
资质标准第三次修订	《关于开展换发建筑工程设计资质证书工作的通知》（建设〔1999〕9号）	原建设部	1999年1月14日
	《关于颁发〈工程勘察资质分级标准和工程设计资质分级标准〉的通知》（建设〔2001〕22号）	原建设部	2001年1月20日
资质标准第四次修订	《关于印发〈工程设计资质标准〉的通知》（建市〔2007〕86号）	原建设部	2007年3月29日
	《关于印发〈工程勘察资质标准〉的通知》（建市〔2013〕9号）	住房城乡建设部	2013年1月21日
管理规定第二次修订	《建设工程勘察设计资质管理规定》（建设部令第160号）	原建设部	2007年6月26日

第二章
现行勘察设计资质管理制度的主要内容

我国现行勘察设计资质管理制度的主要内容可以概括为"一个部令、两个标准、两个实施办法和若干规范性文件"。

"一个部令、两个标准、两个实施办法"是勘察设计资质管理制度的核心内容,这些内容将在第四章勘察设计资质申报要点中进行详细介绍。"若干规范性文件"内容较多,从便于使用的角度出发,本书选取了部分主要的规范性文件进行简要介绍。

第一节 一个部令

"一个部令"是指 2007 年 6 月 26 日建设部以建设部令第 160 号发布的《建设工程勘察设计资质管理规定》,该规定自 2007 年 9 月 1 日起施行。

建设部令是经建设部部务会议或者委员会会议决定,并经部长签署后生效的规定,建设部令是建设部发布的最高级别的行政法规。

第二节 两个标准

"两个标准"是指《工程设计资质标准》(建市〔2007〕86 号)和《工程勘察资质标准》(建市〔2013〕9 号)。

2007 年 3 月 29 日建设部发布《工程设计资质标准》(建市〔2007〕86 号),自颁布之日起施行;2013 年 1 月 21 日住房城乡建设部发布《工程勘察资质标准》(建市〔2013〕9 号),自颁布之日起施行。

第三节 两个实施办法

"两个实施办法"是指《建设工程勘察设计资质管理规定实施意见》(建市〔2007〕202 号)和《工程勘察资质标准实施办法》(建市〔2013〕86 号)。

2007年8月21日建设部发布《建设工程勘察设计资质管理规定实施意见》（建市〔2007〕202号），是为了实施《建设工程勘察设计资质管理规定》（建设部令第160号）和《工程设计资质标准》（建市〔2007〕86号）制定的实施细则。此时，由于《工程勘察资质标准》没有进行修订，涉及勘察的内容较少，工程勘察资质的有关申报要求仍按2006年5月8日原建设部办公厅发布的《关于印发〈建设工程企业资质申报材料清单〉、〈建设工程企业资质申报示范文本〉和〈建设工程企业资质规定和标准说明〉的通知》（建办市函〔2006〕274号）办理。

2013年1月21日《工程勘察资质标准》（建市〔2013〕9号）发布实施后，2013年6月7日住房城乡建设部发布了《工程勘察资质标准实施办法》（建市〔2013〕86号）。

第四节 若干规范性文件

资质管理规定和资质标准发布实施后，由于某些原因需要对相关内容进行补充完善，常以通知、函等形式发布住房城乡建设部规范性文件。

与勘察设计资质相关的规范性文件比较多，本书选取了其中的14个主要规定，按照文件发布的先后顺序进行简要介绍。

一、《关于建设部批准的建设工程企业办理资质证书变更和增补有关事项的通知》（建市函〔2005〕375号）

为进一步贯彻落实《中华人民共和国行政许可法》，简化资质证书变更、增补的程序，2005年12月16日原建设部发布了"建市函〔2005〕375号"，自2006年1月1日起执行。对资质证书变更（包括企业名称、资质证书编号、企业负责人、技术负责人、地址等）和资质证书的增补（包括证书副本增加、更换、遗失补办）进行了规定。

二、《关于取得建筑行业及建筑工程专业设计资质企业申请建筑装饰工程等六类专项资质有关问题的通知》（建市资函〔2010〕56号）

该通知于2010年5月27日由住房城乡建设部发布，自下发之日起执行。《建设工程勘察设计资质管理规定实施意见》（建市〔2007〕202号）第四条规定："具备建筑工程行业或专业设计资质的企业，可承担相应范围相应等级的建筑装饰工程设计、建筑幕墙工程设计、轻型钢结构工程设计、建筑智能化系统设计、照明工程设计和消防设施工程设计等专项工程设计业务，不需单独申请以上专项工程设计资质。"为进一步落实上述规定，支持建筑工程设计企业积极开展资质所涵盖的相应专项工程设计业务，住房城乡建设部不再受理取得建筑行业或建筑工程专业设计资质的企业对该资质所涵盖相应范围和等级的6类专项资质的升级、增项申请。发证机关须在新核发的建筑行业或建筑工程专业资质证书业务范围中明确取得该资质企业可从事相应等级和范围的建筑装饰工程设计、建筑幕墙工程设计、轻型钢结构工程设计、建筑智能化系统设计、照明工程设计和消防设施工程设计 6 类专项工程设计业务。

三、《关于在工程设计资质审批中注册人员考核有关问题的函》（建市资函〔2010〕106 号）

该函于 2010 年 12 月 27 日由住房城乡建设部发布。自 2011 年 4 月 1 日起，企业首次申请或升级、增项工程设计资质，考核公用设备、电气、化工专业注册人员的注册执业资格及相应专业。

《工程设计资质标准》（建市〔2007〕86 号）实施后，对注册建筑师、注册结构工程师和注册造价工程师进行考核。"建市资函〔2010〕106 号"实施后，考核的注册人员调整成以下类别：

注册建筑师：一级注册建筑师和二级注册建筑师；

勘察设计注册工程师：注册结构工程师（一级、二级）、注册化工工程师、注册电气工程师（发输电、供配电）、注册公用设备工程（暖通空调、给水排水/动力）师；

注册造价工程师：一级注册造价工程师。

四、《建设工程企业资质申报弄虚作假行为处理办法》（建市〔2011〕200 号）

为加强建筑市场的准入清出管理，严肃查处建设工程企业资质申报中弄虚作假行为，2011 年 12 月 8 日住房城乡建设部发布了该办法。该办法自发布之日起施行，《对工程勘察、设计、施工、监理和招标代理企业资质申报中弄虚作假行为的处理办法》（建市〔2002〕40 号）同时废止。

该办法规定，企业申请资质时弄虚作假的，不批准其资质申请，企业在 1 年内不得再次申请该项资质；对弄虚作假取得资质的企业，住房城乡建设主管部门依法给予行政处罚并撤销其相应资质，且自撤销资质之日起 3 年内不得申请该项资质。

五、《关于印发〈工程设计资质申请表〉的通知》（建市资函〔2013〕67 号）

《建设工程勘察设计资质管理规定实施意见》（建市〔2007〕202 号）中的附件 1 为《工程勘察、工程设计资质申请表》。2013 年 6 月 7 日住房城乡建设部发布的《工程勘察资质标准实施办法》（建市〔2013〕86 号）中附件 2 为新版的《工程勘察资质申请表》。因此，住房城乡建设部于 2013 年 8 月 1 日发布了该通知，将《工程勘察、工程设计资质申请表》废止，换成《工程设计资质申请表》。

六、《关于调整工程设计综合资质中年度工程勘察设计营业收入指标考核有关问题的通知》（建市〔2015〕202 号）和《关于建设工程企业资质管理资产考核有关问题的通知》（建市〔2016〕122 号）

根据《国务院关于第一批清理规范 89 项国务院部门行政审批中介服务事项的决定》

（国发〔2015〕58号）和《国务院办公厅关于加快推进落实注册资本登记制度改革有关事项的通知》（国办函〔2015〕14号）的有关要求，将"工商注册资金""注册资金""实缴注册资本"等指标改为"净资产"。将"企业相应年度财务报表（资产负债表、损益表）、年度审计报告复印件"修改为"企业相应年度合法的财务报表（资产负债表、损益表）复印件"。

七、《住房城乡建设部办公厅关于进一步推进勘察设计资质资格电子化管理工作的通知》（建办市〔2017〕67号）

自2018年1月1日起，对申请建筑行业、市政行业及其相应专业（人防工程专业除外）工程设计甲级资质（包括申请施工总承包特级资质的企业同时申请的相应设计资质）的企业，未进入全国建筑市场监管公共服务平台的企业业绩和个人业绩，在资质审查时不作为有效业绩认定。

建筑行业、市政行业及其相应专业（人防工程专业除外）工程设计甲级资质，具体包括以下内容。

1. 建筑行业甲级、市政行业甲级、市政行业（燃气工程、轨道交通工程除外）甲级。

2. 建筑行业（建筑工程）甲级、建筑设计事务所甲级、结构设计事务所甲级、机电设计事务所甲级、市政行业（给水工程、排水工程、城镇燃气工程、热力工程、道路工程、桥梁工程、城市隧道工程、公共交通工程、载人索道工程、轨道交通工程、环境卫生工程）专业甲级。

八、《住房城乡建设部办公厅关于建设工程企业资质统一实行电子化申报和审批的通知》（建办市函〔2018〕493号）

为贯彻落实党中央、国务院关于深化"放管服"改革部署要求，精简申报材料，提高审批效率，决定自2019年1月1日起对建设工程企业资质统一实行电子化申报和审批。住房城乡建设部审批的工程勘察资质、工程设计资质、建筑业企业资质、工程监理企业资质（含涉及公路、铁路、水运、水利、信息产业、民航、海洋、航空航天等领域建设工程企业资质）的新申请、升级、增项、重新核定事项，均统一实行电子化申报和审批。实行电子化申报和审批后，不再受理上述事项纸质申报材料。

九、《住房城乡建设部办公厅关于简化建设工程企业资质申报材料有关事项的通知》（建办市〔2018〕45号）

为深入推进建筑领域"放管服"改革，进一步简化建设工程企业资质申报材料。自2018年10月8日起，企业在申请工程勘察、工程设计、建筑业企业资质（含升级、延续、变更）时，不需提供企业资质证书、注册执业人员身份证明和注册证书，由资质许可机关根据全国建筑市场监管公共服务平台的相关数据自行核查比对。企业在申请工程勘察、工程设计、建筑业企业资质（含新申请、升级、延续、变更）时，不需提供人员社保证明材料，由资质申报企业的法定代表人对人员社保真实性、有效性签字承诺并承担相应法律责任。

此后，2019年9月25日和2020年6月24日住房城乡建设部分别发布了《住房和城乡建设部关于取消部分部门规章和规范性文件设定的证明事项的决定》（建法规〔2019〕6号）和《住房和城乡建设部关于取消部分部门规章规范性文件设定的证明事项（第二批）的决定》（建法规〔2020〕2号）对勘察设计资质相关证明材料进行了取消。其中，"建法规〔2020〕2号"附件2第11项取消了申请消防设施工程设计专项资质的"消防专业培训合格证书"。

十、《住房和城乡建设部办公厅关于做好建筑业"证照分离"改革衔接有关工作的通知》（建办市〔2021〕30号）

2021年5月19日国务院发布《国务院关于深化"证照分离"改革进一步激发市场主体发展活力的通知》（国发〔2021〕7号）取消了勘察、设计丙级及以下级别资质。自2021年7月1日起，各级住房城乡建设主管部门停止受理勘察设计丙级、丁级资质的首次、延续、增项和重新核定的申请，重新核定事项含《住房城乡建设部关于建设工程企业发生重组、合并、分立等情况资质核定有关问题的通知》（建市〔2014〕79号）规定的核定事项。自2021年7月1日至新的建设工程企业资质标准实施之日止，勘察设计丙级、丁级资质证书继续有效，有效期届满的，统一延期至新的建设工程企业资质标准实施之日。新的建设工程企业资质标准实施后，持有上述资质证书的企业按照有关规定实行换证。

十一、《住房城乡建设部关于进一步加强建设工程企业资质审批管理工作的通知》（建市规〔2023〕3号）

为深入贯彻落实党的二十大精神，扎实推进建筑业高质量发展，切实保证工程质量安全和人民生命财产安全，规范市场秩序，激发企业活力，自2023年9月15日起，住房城乡建设部就进一步加强建设工程企业资质审批管理工作提出了相关措施。

1. 住房城乡建设部负责审批的企业资质，2个月内完成专家评审、公示审查结果，企业可登录住房城乡建设部政务服务门户，点击"申请事项办理进度查询（受理发证信息查询）"栏目查询审批进度和结果。

2. 企业资质审批权限下放试点地区不再受理试点资质申请事项，统一由住房城乡建设部实施。试点地区已受理的申请事项应在规定时间内审批办结。

3. 企业因发生重组分立申请资质核定的，需对原企业和资质承继企业按资质标准进行考核。企业因发生合并申请资质核定的，需对企业资产、人员及相关法律关系等情况进行考核。

4. 申请由住房城乡建设部负责审批的企业资质，其企业业绩应当是在全国建筑市场监管公共服务平台（以下简称全国建筑市场平台）上满足资质标准要求的A级工程项目，专业技术人员个人业绩应当是在全国建筑市场平台上满足资质标准要求的 A 级或 B 级工程项目。业绩未录入全国建筑市场平台的，申请企业需在提交资质申请前由业绩项目所在地省级住房城乡建设主管部门确认业绩指标真实性。自 2024 年 1 月 1 日起，申请资质企业的业绩应当录入全国建筑市场平台。申请由有关专业部门配合实施审查的企业资质，相关业绩由有关专业部门负责确认。

5. 本通知自 2023 年 9 月 15 日起施行。《住房城乡建设部关于建设工程企业发生重组、合并、分立等情况资质核定有关问题的通知》（建市〔2014〕79 号）、《住房城乡建设部办公厅关于开展建设工程企业资质审批权限下放试点的通知》（建办市函〔2020〕654 号）和《住房城乡建设部办公厅关于扩大建设工程企业资质审批权限下放试点范围的通知》（建办市函〔2021〕93 号）同时废止。《住房和城乡建设部办公厅关于做好建筑业"证照分离"改革衔接有关工作的通知》（建办市〔2021〕30 号）与本通知规定不一致的，以本通知为准。

十二、《住房城乡建设部建筑市场监管司关于建设工程企业资质延续有关事项的通知》（建司局函市〔2023〕116 号）

受新冠疫情影响，2020 年、2021 年、2022 年部核发的资质证书统一自动延续一年有效期。2023 年 10 月 16 日住房城乡建设部建筑市场监管司发布通知，恢复部核发资质证书的延续申请。

十三、《住房城乡建设部办公厅关于做好有关建设工程企业资质证书换领和延续工作的通知》（建办市〔2023〕47 号）

《国务院关于深化"证照分离"改革进一步激发市场主体发展活力的通知》（国发〔2021〕7 号）决定取消的建设工程企业资质，企业可在资质证书有效期届满前换领有效期 1 年的相应专业资质证书。工程勘察设计丙级、丁级资质换领相同专业乙级资质证书。资质证书有效期届满前未申请换领相应资质证书的，逾期自动作废。取得有效期 1 年资质证书后，企业应在该资质证书有效期届满前，按有关资质管理规定和资质标准申请延续。

十四、《住房城乡建设部办公厅关于进一步加强全国建筑市场监管公共服务平台项目信息管理的通知》（建办市函〔2023〕391 号）

为进一步加强全国建筑市场监管公共服务平台数据管理，落实各级住房城乡建设主管部门数据审核监管责任，强化工程项目信息录入和审核，2023 年 12 月 29 日住房城乡建设部办公厅发布了该通知，在工程项目信息归集、分级管理及资质申请业绩审核等方面提出了明确要求。

1. 加快工程项目信息归集。勘察、设计施工、监理企业可通过各级建筑市场监管一体化工作平台录入工程项目信息，并对信息的真实性和准确性负责。在本通知印发之日前已竣工验收的工程项目，企业需对项目信息进行补录的，应抓紧向项目所在地省级住房城乡建设主管部门提出补录申请，补录截止时间为 2024 年 12 月 31 日。

2. 工程项目信息实行分级管理。A 级数据由省级住房城乡建设主管部门审核确认，B 级数据由市级住房城乡建设主管部门审核确认，C 级数据由县级住房城乡建设主管部门审核确认，D 级数据由建筑市场主体填报、未经住房城乡建设主管部门审核确认。

3. 强化资质申请业绩审核。办理住房城乡建设部资质审批事项所需企业业绩应由申请企业向项目在所在地省级住房城乡建设主管部门提出确认申请，个人业绩应由专业技术人员所在企业向项目所在地市级及以上住房城乡建设主管部门提出确认申请。住房城乡建设主管部门收到确认申请后，要向申请企业明确审核确认的办理时限，并向负责项目监管的住房城乡建设主管部门确认项目档案信息和项目监管信息。办理公路、水运、水利、通信、铁路、民航等专业工程资质的，由交通运输、水利、工业和信息化等专业部门确定业绩确认方式。

第三章
勘察设计资质的申请及审批

第一节 勘察设计资质主管部门

住房城乡建设部负责全国建设工程勘察、工程设计资质的统一监督管理。交通运输部、水利部、工业和信息化部等有关部门配合住房城乡建设部实施相应行业的建设工程勘察、工程设计资质管理工作。

省、自治区、直辖市人民政府住房城乡建设主管部门负责本行政区域内建设工程勘察、工程设计资质的统一监督管理。省、自治区、直辖市人民政府交通、水利、工业和信息化等有关部门配合同级建设主管部门实施本行政区域内相应行业的建设工程勘察、工程设计资质管理工作。

第二节 勘察设计资质分类和分级

一、勘察资质

工程勘察资质分为工程勘察综合资质、工程勘察专业资质、工程勘察劳务资质。

工程勘察综合资质只设甲级；工程勘察专业资质设甲级、乙级；工程勘察劳务资质不分等级。

工程勘察综合资质涵盖所有专业类别，取得工程勘察综合资质的企业，不需单独申请工程勘察专业资质。

岩土工程专业资质涵盖岩土工程勘察、岩土工程设计、岩土工程物探测试检测监测三类岩土工程（分项）专业资质，取得岩土工程专业资质的企业，不需单独申请同级别及以下级别岩土工程（分项）专业资质。

二、设计资质

工程设计资质分为工程设计综合资质、工程设计行业资质、工程设计专业资质和工程设计专项资质。

工程设计综合资质只设甲级；工程设计行业资质、工程设计专业资质、工程设计专项资质设甲级、乙级。

工程设计综合资质涵盖所有工程设计行业、专业和专项资质。凡具有工程设计综合资质的企业不需单独申请工程设计行业、专业或专项资质证书。

工程设计行业资质涵盖该行业资质标准中的全部设计类型的设计资质。凡具有工程设计某行业资质的企业不需单独申请该行业内的各专业资质证书。

具备建筑工程行业或专业设计资质的企业，可承担相应范围相应等级的建筑装饰工程设计、建筑幕墙工程设计、轻型钢结构工程设计、建筑智能化系统设计、照明工程设计和消防设施工程设计等专项工程设计业务，不需单独申请以上专项工程设计资质。

三、取消的资质

2021年6月3日国务院发布的《国务院关于深化"证照分离"改革进一步激发市场主体发展活力的通知》（国发〔2021〕7号）取消了勘察、设计丙级及以下级别资质。2021年6月30日住房城乡建设部办公厅发布《住房和城乡建设部办公厅关于做好建筑业"证照分离"改革衔接有关工作的通知》（建办市〔2021〕30号），明确自2021年7月1日起，各级住房城乡建设主管部门停止受理勘察、设计丙级、丁级资质的首次、延续、增项和重新核定的申请。

"国发〔2021〕7号"文件决定取消的勘察设计企业资质见表3-1、表3-2。

表3-1 取消的工程勘察资质

资质类别	序号	工程勘察资质类型	等级
专业资质	1	岩土工程勘察分项	丙级
	2	水文地质勘察专业	丙级
	3	工程测量专业	丙级

表3-2 取消的工程设计资质

资质类别	序号	工程设计资质类型	等级
行业资质	1	水利行业	丙级
专业资质	1	建筑行业（建筑工程）专业	丙级、丁级
	2	市政行业（给水工程）专业	丙级
	3	市政行业（排水工程）专业	丙级
	4	市政行业（城镇燃气工程）专业	丙级
	5	市政行业（热力工程）专业	丙级
	6	市政行业（道路工程）专业	丙级
	7	市政行业（环境卫生工程）专业	丙级
	8	公路行业（公路）专业	丙级

续表

资质类别	序号	工程设计资质类型	等级
专业资质	9	水利行业（水库枢纽）专业	丙级
	10	水利行业（引调水）专业	丙级
	11	水利行业（灌溉排涝）专业	丙级
	12	水利行业（围垦）专业	丙级
	13	水利行业（河道整治）专业	丙级
	14	水利行业（城市防洪）专业	丙级
	15	水利行业（水土保持）专业	丙级
	16	电力行业（送电工程）专业	丙级
	17	电力行业（变电工程）专业	丙级
	18	农林行业（营造林工程）专业	丙级
专项资质	1	建筑装饰工程设计专项	丙级

第三节 勘察设计资质的业务类型

勘察设计资质的业务类型包括以下几个：

一、新申请或首次申请

企业在没有任何勘察设计资质的情况下申请勘察设计资质。

二、升级

企业原已具有该项资质，申请由低级别资质升入高级别资质。

三、增项

企业增加勘察设计资质类别，包括：
（一）原工程设计已具有该申请行业中的某些专业资质，现申请增加该行业中的其他专业资质；如单位原已具有市政（给水、排水）甲级资质，现申请市政（道路）乙级资质时就选择"增项"一栏。
（二）企业申请其他工程设计行业的资质或其他工程勘察专业类资质；如原企业已具有"化工"行业甲级资质，现申请"市政（排水）"乙级资质时就选择"增项"一栏。

四、延续

企业资质证书有效期届满，按照规定申请续期。

五、重组、合并、分立等情况资质核定

（一）企业吸收合并，即一个企业吸收另一个企业，被吸收企业已办理工商注销登记并提出资质证书注销申请，企业申请被吸收企业资质的。

（二）企业新设合并，即有资质的几家企业合并重组为一个新企业，原有企业已办理工商注销登记并提出资质证书注销申请，新企业申请承继原有企业资质的。

（三）企业全资子公司间重组、分立，即由于经营结构调整，在企业与其全资子公司之间，或各全资子公司间进行主营业务资产、人员转移，在资质总量不增加的情况下，企业申请资质全部或部分转移的。

（四）国有企业改制重组、分立（含事业单位改制），即经国有资产监管部门批准，几家国有企业之间进行主营业务资产、人员转移，企业申请资质转移且资质总量不增加的。

（五）企业跨省变更，即企业申请办理工商注册地跨省变更的。

六、勘察设计资质证书变更和增补

（一）资质证书变更包括企业名称、资质证书编号、企业负责人、技术负责人、地址等内容变更。资质证书以上内容发生变更的，应当在工商部门办理变更手续后 30 日内办理资质证书变更手续。

（二）资质证书的增补包括证书副本增加、更换、遗失补办。

第四节　勘察设计资质审批机构及申请流程

一、审批部门

（一）住房城乡建设部负责的资质

工程勘察甲级资质、工程设计甲级资质，涉及铁路、交通、水利、信息产业、民航等方面的工程设计乙级资质由住房城乡建设部负责。其中，涉及铁路、交通、水利、信息产业、民航等方面的工程设计资质，由住房城乡建设部送交通运输部、水利部、工业和信息化部等有关部门审核，其余资质由住房城乡建设部审核。

以上资质的新申请、升级、增项、延续、重组合并分立、证书变更（仅限企业名称、资质证书编号两项变更）、证书增补，均由企业向住房城乡建设部申请，由住房城乡建设部负责审批。

企业通过住房城乡建设部官网上的"企业行政审批"进入"住房和城乡建设部政务服务门户"，注册账号登录后进行相关操作。

（二）其他资质

工程勘察乙级及以下资质、劳务资质、工程设计乙级（涉及铁路、交通、水利、信息产业、民航等方面的工程设计乙级资质除外）及以下资质许可由省、自治区、直辖市人民政府住房城乡建设主管部门实施。具体实施程序由省、自治区、直辖市人民政府住房城乡建设主管部门依法确定。

以上资质的新申请、升级、增项、延续、重组合并分立、证书变更（除企业名称、资质证书编号两项变更外）、证书增补，均由企业向省、自治区、直辖市人民政府住房城乡建设主管部门申请，由省、自治区、直辖市人民政府住房城乡建设主管部门负责审批。

企业按照省、自治区、直辖市人民政府住房城乡建设主管部门发布的政策进行以上资质申请。

勘察设计资质类别、业务事项、审批机构见表3-3。

表3-3 勘察设计资质类别、业务事项、审批机构

资质类别		业务事项	审批机构
勘察	工程勘察综合甲级；岩土工程、岩土工程勘察（分项）、岩土工程设计（分项）、岩土工程物探测试检测监测（分项）、水文地质勘察、工程测量专业甲级资质	升级、增项	住房城乡建设部
	海洋工程勘察	升级、增项	住房城乡建设部转交自然资源部
	岩土工程、岩土工程勘察（分项）、岩土工程设计（分项）、岩土工程物探测试检测监测（分项）、水文地质勘察、工程测量专业乙级资质	新申请、增项	省、自治区、直辖市人民政府住房城乡建设主管部门
设计	工程设计综合甲级；建筑、市政、煤炭、化工石化医药、石油天然气（海洋石油）、电力、冶金、军工、机械、商物粮、核工业、轻纺、建材、农林行业及专业设计甲级资质；建筑工程事务所资质；工程设计专项甲级资质	新申请、升级、增项	住房城乡建设部
	电子通信广电行业及专业设计甲级、乙级资质	新申请、升级、增项	住房城乡建设部转交工业和信息化部
	铁道、公路、水运、民航、行业及专业设计甲级、乙级资质	新申请、升级、增项	住房城乡建设部转交交通运输部
	水利行业及专业设计甲级、乙级资质	新申请、升级、增项	住房城乡建设部转交水利部

续表

资质类别		业务事项	审批机构
设计	海洋行业及专业设计甲级、乙级资质	新申请、升级、增项	住房城乡建设部转交自然资源部
	建筑、市政、煤炭、化工石化医药、石油天然气（海洋石油）、电力、冶金、军工、机械、商物粮、核工业、轻纺、建材、农林行业及专业设计乙级资质；工程设计专项乙级资质	新申请、增项	省、自治区、直辖市人民政府住房城乡建设主管部门

注：1. 住房城乡建设部及其转交其他部委审批资质的延续、重组合并分立、国有企业改制重组、分立（含事业单位改制）、跨省变更、重新核定、证书变更（仅限企业名称、资质证书编号两项变更）、证书增补，均由住房城乡建设部负责审批。
2. 省、自治区、直辖市人民政府住房城乡建设主管部门审批资质的延续、重组合并分立、国有企业改制重组、分立（含事业单位改制）、跨省变更、重新核定、证书变更（住房城乡建设部及其转交其他部委审批资质除企业名称、资质证书编号两项变更外其他内容的变更）、证书增补，均由省、自治区、直辖市人民政府住房城乡建设主管部门负责审批。

二、资质审批流程

住房城乡建设部审批勘察设计企业资质的基本流程是：企业申报→住房城乡建设部行政审批集中受理办公室接受申报材料→专家审查→公示审查意见→公告审批结果。

公示意见不同意企业资质申请事项的，企业可以在规定时限内针对公示意见提交陈述材料，逾期未提交陈述材料的，视为企业对公示意见无疑义且资质许可机关不再接受任何补充材料。自2023年6月起，公示期为7个工作日。

省、自治区、直辖市人民政府住房城乡建设主管部门负责审批的资质，其审批流程从其规定。

第五节 勘察设计资质证书领取

本书以住房城乡建设部颁发的勘察设计资质证书的领取要求为例，领取流程如下。

一、领取证书所需材料

1. 证书送达信息登记表（表3-4）
2. 加盖企业公章的营业执照副本复印件（如为事业单位，须提供事业单位法人证书复印件）。
3. 原资质证书正、副本原件（包括住房和城乡建设部颁发的原资质证书和公告资质升级前的省级原资质证书。已升级资质外，仍有其他资质项的省级证书，退加盖作废章的副本一本，用于换发新的省级证书。省级证书为电子证书的，提供A4纸大小的打印件）。

原资质证书须全部交回。如不能全部交回，按已交回原证数量领取新证，其余新证待原证补交后领取（原证在证书有效期内遗失的，须办理遗失补办手续后领取新证；原证遗失且已过期的，出具加盖本企业公章的证书遗失情况说明领取新证）。

表 3-4　证书送达信息登记表

企业名称	
企业收件地址	
企业收件人姓名	
企业收件人手机号	
证书变更内容 （领取公告证书，无需填写此项）	
快递公司	□顺丰　□EMS　□其他　　是否保价　□不保价　□保价
副本封皮	个（个数可以为 0，不得超过副本数）

注意：1. 重组、合并、分立等事项，涉及到的两家企业均须在此页法人签字、单位盖章（被吸收企业已工商注销的除外）。
　　　2. 如选择保价，快递公司将统一保价 2000 元，保价费按快递公司规定收取（10 元左右）。
　　　3. 未勾选"快递公司"，默认选择"顺丰"；未勾选"是否保价"，默认不保价。

法定代表人签字：

单位公章（盖章）：

二、证书领取材料的邮寄方法

企业在部网站－服务－热门服务－申请事项办理进度查询（受理发证信息查询）模块查询办理进度，状态为"证书待领取"时，将证书领取材料邮寄至"北京市海淀区三里河路 9 号住房和城乡建设部北配楼 126 房间发证窗口（邮编：100835 电话：010－58933470）"；快递签收 2 个工作日（EMS 快递签收 4 个工作日）内，受理办按企业提供的证书送达信息登记表寄出证书，状态为"已发证"。

收到证书两个工作日后，可到部网站－服务－热门服务－申请事项办理进度查询（受理发证信息查询）模块查询部发证书所载资质更新情况。如资质未更新，可拨打 010-58933470 进行咨询。

第六节　勘察设计资质证书使用

工程勘察、工程设计资质证书分为正本和副本，正本 1 份，副本 6 份，由住房城乡建设部统一印制、统一管理，由审批部门负责颁发并加盖审批部门公章。正、副本具备同等法律效力。

各序列、各级别工程勘察、工程设计资质证书全国通用。

资质证书有效期为 5 年。资质证书有效期届满，企业需要延续资质证书有效期的，应当在资质证书有效期届满 60 日前,向原资质许可机关提出资质延续申请。经资质许可机关同意,有效期延续 5 年。企业在领取新的工程勘察、工程设计资质证书的同时,应当将原资质证书交回原发证机关予以注销。

部分地区颁发电子版工程勘察、工程设计资质证书,电子版证书和纸质证书具备同等法律效力。

第四章
勘察设计资质申报要点

勘察设计资质申报要点可以归纳成一句话：熟悉一批法规，填好两套表格，树立三个认识。

熟悉一批法规，就是要熟悉第二章中介绍的"一个部令，两个标准，两个实施办法和若干规范性文件"。

填好两套表格，就是要按照相关规定规范填写《工程勘察、设计资质申请表》和《专业技术人员基本情况及业绩表》。申请勘察设计资质的主要信息都会在《工程勘察、设计资质申请表》和《专业技术人员基本情况及业绩表》中具体涉及，本章将结合两套表格的填写，讲解勘察、设计资质法规的主要内容。

树立三个认识，就是要对勘察、设计资质申报的三个问题有正确的认识。

第一节 《工程勘察、设计资质申请表》的填写

《建设工程勘察设计资质管理规定实施意见》（建市〔2007〕202号）的附件1为《工程勘察、工程设计资质申请表》，申请勘察资质和设计资质用的是统一的申请表。2013版勘察资质标准发布实施后，2013年6月7日住房城乡建设部以《工程勘察资质标准实施办法》（建市〔2013〕86号）附件2的形式发布了新的《工程勘察资质申请表》。之后，住房城乡建设部于2013年8月1日发布了《关于印发〈工程设计资质申请表〉的通知》（建市资函〔2013〕67号），将原《工程勘察、设计资质申请表》废止，换成新版的《工程设计资质申请表》。从此，申请勘察资质和申请设计资质均有各自新的申请表。

《工程勘察资质申请表》和《工程设计资质申请表》大致的内容是相同的，但是也有不一样的部分。本部分将以《工程设计资质申请表》为例进行讲解，对两个表格不同的部分进行特别说明。

《工程勘察资质申请表》见附录4《关于印发〈工程勘察资质标准实施办法〉的通知》中的附件2；《工程设计资质申请表》见附录6《关于印发〈工程设计资质申请表〉的通知》。

一、封面

（一）"申报企业"填写申请资质的企业名称并加盖公章。
（二）"填报日期"是指表格上交受理部门的日期。

二、填表须知

明确填表的注意事项。

三、初审部门审查意见表

根据 2016 年 3 月 10 日住房城乡建设部发布的《住房城乡建设部办公厅关于做好取消建设工程企业资质和个人执业资格初审事项后续衔接工作的通知》（建办市〔2016〕8 号），该部分内容已经取消。

四、企业法定代表人声明

（一）企业法定代表人要和营业执照、资质证书等资料上的信息一致，亲笔签名或加盖具有法律效力的签名章。
（二）"日期"填写签名时的日期。

五、"申请情况"页

（一）"现有资质等级及承接任务范围"栏填写申请企业全部现有工程勘察或工程设计资质情况，有关资质范围可简化填写。
（二）"此次申请内容"栏根据申请内容，选定其中项目。其中：
"新申请"项在企业首次申请资质时选择；
"核定"项在企业重组、合并、分立取得 1 年制资质证书后，提出换发 5 年制资质证书时选择；
"升级"项在企业原已具有该项资质，申请由低级别升入高级别时选择；
"增项"在企业扩大业务范围时选择，包括：

1. 原工程设计已具有该申请行业中的某些专业资质，现申请增加该行业中的其他专业资质；如单位原已具有市政（给水、排水）甲级资质，现申请市政（道路）乙级资质时就选择"增项"一栏。

2. 企业申请其他工程设计行业的资质或其他工程勘察专业类资质；如原企业已具有"化工"行业甲级资质，现申请"市政（排水）"乙级资质时就选择"增项"一栏。

"延续"项在企业资质证书有效期届满，申请续期时选择。
"其他"项在不属于上述几种情况时选择，如设计资质换证即可选择"其他"一栏。

（三）"此次申请内容"栏要求企业详细填写所申请的资质类别及其等级并加盖公章、有企业法定代表人的签字。填写内容一般应包括"申请行业""申请该行业中的某一个或某些专业的内容（如企业申请该行业的全部专业，此项可不填写）""申请资质的等级"3项内容。如填写"申请化工石化医药甲级、市政（给水）乙级"设计资质；申请"岩土工程（勘察）乙级"资质。

说明：

1. 一定要正确选择"新申请""核定""升级""增项""延续""其他"，选择不对可能会被退件，不予受理。

2. 《工程勘察资质申请表》将"新申请"改成了"首次申请"，将"核定"改成了"重新核定"，增加了"吸收合并""整体改制"和"跨省变更"3个选项。

六、"一、企业基本情况"页

（一）"企业名称"栏须填写申请资质的企业的全称，该名称与首页"申报企业"名称、营业执照、资质证书等中的企业名称必须一致。如企业申报材料同时发生名称变化，按新名称申报材料时，应在附件材料中提供有关工商预核准等材料，首页"申报企业"一栏可填写工商预核准单位名称。

（二）"总工程师"栏按照实际情况填写并须在附件材料中提供任命文件、本人的专业技术职称证书、毕业证书、专业技术人员基本情况及业绩表。

（三）"通信地址""邮政编码""营业执照注册号""净资产"等要按实际情况填写。

（四）"企业上级主管"栏是指企业的直接上级主管部门，按隶属关系填写。若无主管部门，此栏可不填写。

（五）"最早成立时间"是指申请企业最初成立时的时间。企业发生名称、资质等级变化等情况时，仍按最初成立时间填写并将该变化情况在本表"企业简历"页说明。

（六）"企业类型"栏应填写企业的经济性质，按照营业执照上标明的企业性质填写。

（七）"注册资本"已经改成"净资产"。企业净资产即企业所有者（投资方或股东）权益。首次申请资质的，以提供的企业"营业执照"所载注册资本考核净资产。企业须提供申请资质的上年度或当期合法的财务报表（全套报告）。

（八）"60周岁及以下从事工程勘察设计专业技术人员情况"栏中的"人员总数""高级职称""中级职称""初级职称"按照企业实际情况填写。

（九）"从事工程设计主要专业技术人员情况"栏中的"注册人员""非注册人员"，是指资质标准中规定的主要专业技术人员范围内的注册和非注册人员。

（十）"从事工程勘察设计主要专业技术人员情况"栏和"从事工程项目管理注册人员情况"栏中的"注册执业人员"，按照企业实际情况填写。

七、"二、企业主要技术负责人情况表"页

（一）此表填写的"主要技术负责人"是指企业中对所申请行业的工程设计在技术上负总责的人员，须在附件材料中提供任命文件、本人的专业技术职称证书（或注册执

业证书）、毕业证书、专业技术人员基本情况及业绩表。

（二）学历、职称、执业资格按照资质标准的要求执行。职称是指经国务院人事主管部门授权的部门、行业或中央企业、省级专业技术职称评审机构评审的工程系列专业技术职称。学历信息应在"学信网"上可以查询（"学信网"可以查询以下学历信息：2001年以来国家承认的各类高等教育学历，包括研究生、普通本专科、成人本专科、网络教育、开放教育、高等教育自学考试、高等教育学历文凭考试等）。

（三）所学专业指学历证书上的专业。

（四）工程设计工龄是指在具备工程设计资质的单位累计工作时间。设计工龄可以通过《专业技术人员基本情况及业绩表》中"工作简历"的信息计算得出。工程设计综合资质需15年以上设计工龄，其他需10年以上设计工龄（专项资质从其规定）。

（五）负责行业按照《工程设计资质标准》附件1"工程设计行业划分表"填写。

八、"三、从事工程设计注册人员情况一览表"页

（一）此表填写的注册人员是指资质标准规定中要求的与所申请资质等级相关的注册建筑师：一级注册建筑师和二级注册建筑师；勘察设计注册工程师：注册结构工程师（一级、二级）、注册化工工程师、注册电气工程师（发输电、供配电）、注册公用设备工程（暖通空调、给水排水/动力）师、注册土木工程师（岩土）；注册造价工程师：一级注册造价工程师。

（二）注册人员应按照不同行业资质标准确定的注册专业填写。填写时专业应相对集中，其中设立级别的，应按"一级""二级"顺序填写。

（三）本表所填注册人员，首次申请资质的须提供注册人员承诺书，其他事项需要在"全国建筑市场监管公共服务平台"（以下简称"监管平台"）上能查询到相关信息。

（四）勘察设计标准所称主要专业技术人员年龄限60周岁及以下。已办理退休手续，但尚未到60周岁的人员可以作为符合资质标准要求的人员予以认定，需提供原聘用单位出具的退休证明材料。

说明：

1. 《工程勘察资质申请表》的人员表比《工程设计资质申请表》人员表多了一项"本人签名"的内容。

2. 勘察资质的注册人员需要提供《专业技术人员基本情况及业绩表》，注册人员应作为专业技术负责人主持过符合勘察资质标准要求的项目。

九、"四、从事工程设计非注册人员情况一览表（主导专业、非主导专业）"页

（一）申请工程设计综合资质的企业不需填写此表。

（二）此表填写的非注册人员（主导专业）是指作为专业技术负责人主持过所申请行业资质标准规定的2项或3项大、中型项目专业工程设计的专业技术人员。

（三）非注册人员（主导专业）应按照资质分级标准确定的专业配备。

（四）非注册人员应在附件材料中提供本人的职称证书、毕业证书、专业技术人员基本情况及业绩表（非主导专业人员"本人完成主要设计项目概况"部分无需填写）。

（五）《工程设计资质标准》的"各行业工程设计主要专业技术人员配备表"专业设置栏目中的专业，是指为完成某工程设计所设置的专业技术岗位，其称谓即为岗位的称谓。

（六）设计资质中非注册人员包括非注册人员（主导专业）和非注册人员（非主导专业），须具有大专以上学历、中级以上专业技术职称并从事工程设计实践10年以上（专项资质从其规定）。

说明：

1. 勘察资质中非注册人员包括非注册人员（主导专业）和非注册人员（非主导专业），须具有大专以上学历、中级以上专业技术职称并从事工程勘察实践8年以上（取得高等院校一年以上本专业学习结业证书的须从事工程勘察10年以上）。

2. 设计资质的非注册人员情况一览表分主导专业和非主导专业两张表，勘察资质的非注册人员情况一览表为一张表。

十、"五、工程设计非注册人员业绩一览表（主导专业）"页

（一）"项目名称"按照工程设计合同确定的项目名称填写。

（二）"项目规模及技术指标"：项目规模按照《工程设计资质标准》附件《建设项目设计规模划分表》填写大型、中型。技术指标按照《工程设计资质标准》附件《建设项目设计规模划分表》填写。如：某矿井，600万t/a；某电厂，600MW；某机械厂项工程，5500万元；某净水厂，15万 m^3/d；某工业厂房，跨度≥30m 等。

（三）"起止时间"：工程开始勘察到提交完整的勘察（岩土、水文、测量）报告或工程开始设计到交付全部施工图的时间。

（四）"本人在工程设计中所起作用"：企业主要技术负责人或总工程师的作用为所申请行业某一个大型项目的工程设计技术总负责人（设总）；主导专业的非注册人员的作用为所申请行业某个大、中型项目工程设计中某个专业的技术负责人；建筑、结构专业的非注册人员的作用为所申请行业某个大、中型项目工程设计中建筑、结构专业的主要设计人；专项资质的人员作用从其规定。

（五）"完成项目的工程设计企业及资质等级"：根据资质证书上的内容规范填写。

（六）业绩需要填写全国建筑市场监管公共服务平台相应工程项目的16位项目编号。

十一、"六、企业业绩"页

（一）"工程设计类型"栏按照申请的工程设计资质行业及行业类型确定并填报。

（二）"项目规模复杂程度"：工程设计项目注明大型、中型。

（三）"工作始末时间"：指工程开始勘察到提交完整的勘察（岩土、水文、测量）报告或工程开始设计到交付全部施工图的时间。

（四）"建成时间"：指工程竣工交付使用的时间。

（五）本表中企业工程设计业绩需提供业绩证明，包括：工程设计合同主要页的复印件；建设单位（业主）出具的工程竣工、移交、试运行证明文件或工程竣工验收文件的复印件。

（六）业绩需要填写全国建筑市场监管公共服务平台相应工程项目的 16 位项目编号。

说明：

1. 工程勘察企业业绩还需填写《工程勘察资质标准实施办法》（建市〔2013〕86 号）附件 4《工程勘察企业业绩基本情况表》。

2. 工程勘察个人业绩和企业业绩须为近 5 年完成的非涉密工程勘察项目业绩。近 5 年是指自申报年度起倒推 5 年。如申报年度为 2024 年，则近 5 年业绩年限从 2019 年 1 月 1 日算起。

十二、"七、从事工程项目管理注册人员情况一览表"页

（一）申请工程设计综合资质的企业需填写此表。

（二）"注册专业"按国家有关注册建造师或注册监理工程师的专业划分填写，"注册类别及等级"栏中的注册类别指注册建造师、注册监理工程师，与该类别无关的注册人员不必填写。

十三、"八、从事工程设计专业技术人员情况一览表"页

（一）申请工程设计综合资质的企业需填写此表。

（二）本表中所填的专业技术人员指本企业具有的初级及以上专业技术职称并且从事工程设计的专业技术人员。按注册人员、正高级工程师、高级工程师、工程师、助理工程师的顺序填写。

十四、"九、业务成果"页

（一）申请工程设计综合资质的企业需填写此表。

（二）"获奖项目名称或编制工程建设标准、规范、拥有工程设计专利、专有技术、工艺包名称"应写明获奖项目、编制标准、规范、拥有专利、专有技术、工艺包的详细名称。

（三）"获奖类型及等级或编制工程建设标准、规范、拥有工程设计专利、专有技术、工艺包等级"应填写获奖项目所获得奖项的类型及等级，如填写"国家级优秀公路设计奖""国家级优秀建筑设计奖""部级优秀电厂设计奖""部级优秀建筑设计奖""省级优秀矿井设计奖""省级优秀建筑设计奖"等。

（四）"获奖时间""颁奖单位"按获奖证书填写。委托建设工程标准、规范的单位，以下达编制标准规范计划（委托书）的国务院有关专业主管部门为准。

（五）本表所列业务成果须提供相关的获奖批准文件和获奖证书扫描件；业务主管部门下达的编制标准规范计划的文件及完成的标准规范出版物的封面、扉页和注有主编、参编、批准单位的关键页扫描件；专利证书、专有技术或工艺包的认定或认可文件

扫描件。

十五、"十、技术装备情况"页

"技术装备"是指从事工程设计所需要配备的基本技术装备，一般包括计算机、绘图机、打印机、复印机等技术性装备，并累计台数。

说明：申请勘察资质需要按照《工程设计资质标准》（建市〔2013〕9号）附件2《工程勘察主要技术装备配备表》中对装备数量、仪器精度的要求规范填写。自有设备提供购置发票，协议设备提供合法的协议。

十六、"十一、企业简历"页

本页主要填写企业名称变化情况及时间，企业资质变化情况及时间（包括资质范围、注册资金、企业法人等情况的变化），其他无关情况不必罗列。比如：

企业名称变化：

1975年3月1日，中国××建筑设计研究院成立，为事业单位性质。

1988年3月7日，改制为企业，取得企业营业执照，改制后企业名称为中国××建筑设计研究院有限公司。

企业资质变化：

1989年5月6日，首次取得建筑工程设计乙级资质。

1999年10月7日，升级为建筑工程设计甲级资质。

第二节　《专业技术人员基本情况及业绩表》如何填写

附录4《关于印发〈工程勘察资质标准实施办法〉的通知》中的附件3为《专业技术人员基本情况及业绩表》；附录6《关于印发〈工程设计资质申请表〉的通知》中最后一页为《专业技术人员基本情况及业绩表》，两文件中的《专业技术人员基本情况及业绩表》是一样的。

一、填表人员

（一）企业技术负责人、非注册人员（主导专业和非主导专业）、勘察资质的注册人员需要填写该表。

（二）非注册人员（非主导专业）无须填写表中的"本人完成主要设计项目概况"部分。

二、工作简历

（一）从参加工作开始填写，是计算从事勘察、设计经历的依据。

（二）工作经历应与个人业绩完成单位、社保缴纳记录、职称评审单位、注册经历等信息一致。

（三）证明人和电话按照实际情况填写。

三、本人完成主要设计项目概括

（一）相关内容填写要求同《工程设计资质申请表》的要求。
（二）项目业绩数量、规模和技术指标要符合资质标准的要求。

四、本人签字

由本人进行签字，承诺填写内容真实有效，如有虚假承诺，愿接受住房城乡建设行政主管部门及其他有关部门依法给予的处罚。

第三节　树立三个认识

由于勘察设计企业资质的申请及审批是一项政策性、系统性、专业性很强的工作，所以在资质申请过程中可能会遇到审批不通过的情况。企业此时要积极面对，树立正确的认识。

一、认识不同审批机关对资质申请要求的差异性

通过"第三章　勘察设计资质申请及审批"中"第四节　勘察设计资质审批机构及申请流程"的介绍，可知道勘察设计资质审批主要有以下三种类型：第一种，住房城乡建设部直接审批的资质；第二种，住房城乡建设部转交国务院有关行政主管部门审批的资质；第三种，省、自治区、直辖市人民政府住房城乡建设主管部门审批的资质。

以上三种类型的勘察设计审批机构包含了以下部门：住房城乡建设部、工业和信息化部、交通运输部、水利部、自然资源部及省、自治区、直辖市人民政府住房城乡建设主管部门。

以上勘察设计资质审批机构除了遵循建设部令第160号《建设工程勘察设计资质管理规定》等相关法规外，针对各自行业的特点，还会出台相关的资质审查要求。

比如，2017年3月20日交通运输部公路局发布的《公路工程设计资质行业审查要点》；2021年9月9日北京市规划和自然资源委员会发布的《建设工程设计企业资质认定（部分乙级）指南》；2023年10月26日山东省住房和城乡建设厅发布的《关于进一步优化建设工程企业资质审批管理工作的通知》；2023年11月14日浙江省住房和城乡建设厅发布的《省建设厅关于进一步加强建设工程企业资质审批管理工作的通知》（浙建建发〔2023〕122号）。各个勘察设计资质审批机构发布的关于资质的相关规定，也是资质审批的重要规范文件，企业在申请勘察设计资质时一定要严格遵守。

二、认识资质相关政策的动态变化性

在"第二章 现行勘察设计资质管理制度的主要内容"中,本书把我国现行勘察设计资质管理制度的主要内容概括为"一个部令,两个标准,两个实施办法和若干规范性文件"。其中,若干规范性文件就是根据相关情况的变化,对勘察设计制度实时提出的补充规定。

比如,根据《国务院关于第一批清理规范89项国务院部门行政审批中介服务事项的决定》(国发〔2015〕58号)和《国务院办公厅关于加快推进落实注册资本登记制度改革有关事项的通知》(国办函〔2015〕14号)的有关要求,住房城乡建设部发布了《关于调整工程设计综合资质中年度工程勘察设计营业收入指标考核有关问题的通知》(建市〔2015〕202号)和《关于建设工程企业资质管理资产考核有关问题的通知》(建市〔2016〕122号),将"工商注册资金""注册资金""实缴注册资本"等指标改为"净资产"。将"企业相应年度财务报表(资产负债表、损益表)、年度审计报告复印件"修改为"企业相应年度合法的财务报表(资产负债表、损益表)复印件"。

再比如,为贯彻落实党中央、国务院关于深化"放管服"改革部署要求,精简申报材料,提高审批效率,住房城乡建设部于2017年10月25日发布了《关于建设工程企业资质统一实行电子化申报和审批的通知》(建办市函〔2018〕493号),决定自2019年1月1日起对建设工程企业资质统一实行电子化申报和审批。

因此,企业要做好勘察设计资质管理工作,要时刻关注资质相关政策的动态变化,学习贯彻好相关政策,提高资质管理工作的效率。

三、认识审查意见存在一定的主观性

"一个部令,两个标准,两个实施办法和若干规范性文件"是勘察设计资质的主要法规体系,尽管发布了资质标准及其相关补充文件,但是,由于勘察资质设计的行业广、内容多,不可避免地存在阐述不清的内容。对于这部分内容,资质审查机构和审查专家会存在不同的理解,造成审查意见存在主观性。

比如,《建设工程勘察设计资质管理规定实施意见》(建市〔2007〕202号)规定:《工程设计资质标准》(建市〔2007〕86号)中,将高等教育所学的且能够直接胜任岗位工程设计的学历专业称为本专业,与本专业同属于一个高等教育工学学科(如地矿类、土建类、电气信息类、机械类等工学学科)中的某些专业称为相近专业。本专业、相近专业的具体范围另行规定。

由于种种原因,关于本专业、相近专业具体范围的规定至今没有出台,这就造成了对于本专业、相近专业存在不同的理解,造成了审查意见存在主观性。

企业对于审查意见存在的主观性一定要有正确的认识,积极准备相关材料,和相关审批机构做好沟通交流,达成一致的认识。

第五章
勘察设计资质评审意见示例

对于申报单位在申报材料中存在的问题，审批单位通常会以评审意见的方式反馈给申报单位。本章选取了部分真实的评审意见，通过学习这些评审意见，希望企业一方面了解资质申报中容易出错的地方，另一方面熟悉评审意见的表达方式。

第一节 勘察资质评审意见示例

一、工程勘察综合类甲级

（一）注册人员个人业绩总和缺少工程物探个人业绩 2 项，未涵盖所有岩土工程（分项）专业资质业绩类型，不予认定。

（二）所有企业业绩均只提供项目合同、业绩表和甲方证明，未提供必需的施工图审查合格文件或第三方出具的质量合格证明，不予认定。

二、工程勘察专业类资质

（一）工程勘察专业类岩土工程资质

1. 未提供技术装备清单和发票，不予认定。
2. 主要技术负责人沙×个人业绩技术指标表述不清，不予认定。
3. 未提供岩土工程勘察、工程测量、工程物探、岩土测试检测、岩土监测主导专业人员，专业配置不全，不予认定。
4. 未提供水文地质、工程测量、室内试验非注册非主导专业人员，专业配置不全，不予认定。
5. 注册人员业绩未涵盖所有岩土工程专业资质业绩类型，不予认定。
6. 非注册主导专业岩土工程设计专业技术负责人业绩数量不达标，不予认定。
7. 陈×、孙×所从事岗位与专业设置不符，不予认定。

8. 沙×未提供作为项目负责人主持过的本专业工程勘察甲级项目，不予认定。
9. 未提供工程勘察报告施工图审查合格文件，不予认定。
10. 未提供岩土工程勘察、岩土工程物探测试检测项目业绩，不予认定。

(二) 工程勘察专业类岩土工程（勘察）资质

1. 未提供企业法定代表人证明材料，不予认定。
2. 号码 00555033 与 00555032 的发票存疑，不予认定。
3. 包×无法判定从业经历年限，不予认定。

(三) 工程勘察专业类岩土工程（勘察、设计、物探测试监测检测）资质

1. ×××市地产有限公司商住楼基坑支护岩土工程设计、×××市塑化仓储项目岩土工程静力触探测试、×××市玩具股份有限公司（厂房A—C及办公楼）基坑工程监测、×××市城市商业综合体"三旧"改造A地块基坑支护岩土工程设计、×××市装饰材料有限公司岩土工程勘察，施工图设计文件审查合格书存疑，不予认定。
2. ×××公司（厂房与配套）岩土工程勘察、×××综合楼岩土工程勘察，勘察审查合格书封面审查单位盖章不清晰，不予认定。

(四) 工程勘察专业类工程测量资质

1. 所有人员缺《专业技术人员基本情况及业绩表》，从业经历无法认定。
2. 苏×个人业绩属于超资质承揽且数量不达标，不予认定。
3. 宋×、田×个人业绩属于超资质承揽，不予认定。
4. 李×、刘×工程勘察设计经历年限不达标，不予认定。
5. 雷×学历不达标且职称专业与岗位不符，不予认定。
6. 所有企业业绩缺少《工程勘察企业业绩基本情况表》且质量合格证明文件无业主单位公章，不予认定。

第二节　设计资质评审意见示例

设计资质类别较多，本书按照综合资质、行业资质、专业资质和专项资质，分别选取了相关示例。其中，行业资质分为21个行业，每个行业设置若干专业资质，本书选取了建筑和市政两个最常见的行业。

一、工程设计综合甲级

(一) 企业业绩不达标，提供的市政燃气项目非城市燃气项目，属于冶金行业配套工程；提供的机械热加工项目属于冶金行业金属材料工程项目，非机械行业（热加项目及投资额规模 300 万 t/a），不予认定；标准规范不足，主编1项未提供标准正式出版物主要页，不予认定；排名不符合要求；办公场所证明不符合要求，不予认定。勘察设

计注册有效人员总数小于 40 人，7 个专业有效人员 29 人；二级注册建筑师及咨询工程师无效。注册人员总数或高工人员少于 200 人，一级注册建造师和监理工程师、注册咨询师、二级注册人员不予计入；企业业绩不达标，建筑工程业绩无正式竣工验收材料；标准规范不符合要求，1 项为推荐性标准，不予认定。

（二）主要技术负责人专业业绩不达标，阎×业绩规模无法认定，王×无符合市政（燃气、卫生）的个人业绩，不予认定；收入排名不符合要求，不予认定。

（三）主要技术负责人不达标，王×无任职文件，建筑专业负责人朱×不符合要求（无注册建筑师执业资格），却申报 2 项作为项目负责人的大型业绩，不符合《注册建筑师条例》规定，不予认定；企业业绩不符合要求，申报的市政项目业绩为化工项目配套工程，非市政热力项目，不予认定；申报的建筑工程项目未提供竣工证明资料，不予认定。

二、工程设计行业及专业资质

建筑——

（一）崔×等 10 人的个人业绩大型项目均在邯郸市××建筑设计研究院完成，未提供崔×等 10 人在该单位工作的有效证明，不予认定。

（二）主要技术负责人周×为二级注册建筑师，但其个人业绩表中有主持大型项目的业绩，不符合建筑注册人员执业制度要求，不予认定；建筑专业二级注册建筑师周×、赵×作为非注册主导专业人员申报，未提供个人业绩表，不予认定；陈×学历专业为建筑装饰，职称证未标注，专业与从事专业不符，不予认定；暖通专业杜×个人经历与职称证单位不符，不予认定；提供的 3 项工程均无竣工验收证明文件，甲方证明不予认定。

（三）杨×毕业证存疑，不予认定；主要技术负责人个人业绩规模表述不清，不予认定；建筑专业申报人员郭×、赵×专业不符，不予认定；结构专业周×个人业绩规模不详，不予认定；暖通专业刘×，给排水专业李×、王×，电气专业杨×、叶×个人业绩非申报设计类型，不予认定。

（四）建筑专业郭×，结构专业王×、赵×未提供第一学历证书，专业不予认定；暖通专业郭×、刘×，电气专业蒋×学历不详，提供的为培训证或结业证，不予认定；给排水专业黄×、黄×毕业年限与取得的职称年限不符，不予认定；给排水专业孙×学历不详，不予认定；王×的大庆××大厦及郭×的哈尔滨××广场业绩，2 项业绩高度、层数、建筑面积相同、地点不同，设计单位不同，不予认定。

（五）技术负责人职称为中级，不予认定；建筑专业裴×2002 年取得中级职称，2003 年作为建筑专业负责人，不予认定；结构专业李×、王×2005 年取得中级职称，同年作为大型工程负责人，不予认定；给排水专业叶×2004 年取得中级职称，2003 年作为大型工程负责人，不予认定；电气专业肖×，暖通专业张×、尹×均在取得中级职称前作为专业负责人，不予认定。

（六）企业业绩中 2 个中型项目所提供的合同均无合同专用章，提供的竣工验收复印件，设计单位的印章均模糊不清，不能识别设计单位，无法确认企业业绩。

（七）主要技术负责人个人业绩中有 2 项非申报设计类型，不予认定；一级注册建筑师王×正在办理初始注册，不予认定；张×所学专业为工业与民用建筑，职称专业为结构，与从事专业不符，不予认定；韩×完成的大型业绩与个人经历不符，不予认定；汪×、杨×完成的大型业绩与个人经历不符，不予认定；刘×完成的大型项目业绩规模不详，不予认定。

（八）谢×、饶×、陈×、赖×、李×、魏×、李×无大型项目业绩；业绩不符合资质标准要求，申报2项，其中1项为合作设计项目，不予认定。

（九）建筑专业3人所学专业均为工业与民用建筑，不予认定；陈×等12人大型工程业绩均在本单位完成，均为大型工业厂房业绩，不予认定；申报的工程合同无工程规模及竣工验收报告。

（十）主要技术负责人主持完成的业绩不足，非工程设计主持人业绩、主持结构设计不予认定；建筑专业郑×、李×，给排水专业曾×，电气专业3人，以上6人均在取得中级职称前主持完成专业的大型项目业绩，不予认定。

（十一）李×职称评定单位与简历不符，不予认定。申报企业净资产不达标。

（十二）申报企业发生2起死亡、2人安全事故，不能申请资质。

（十三）企业业绩中××一期合同双方均没有负责人签署，竣工验收证明中设计单位印章模糊不清，××仓储库房未提供竣工验收资料，不予认定。

（十四）给排水专业董×所学专业、职称专业与从事专业不符且从事设计年限不足10年，不予认定；暖通专业郝×个人业绩不达标，项目规模未按标准填写，不予认定；李×、牛×毕业证存疑，不予认定。

（十五）建筑专业人员潘×、赵×所学专业为工业与民用建筑，职称专业为城建，与从事专业不符，不予认定。

（十六）建筑专业汤×、叶×所学专业为工业与民用建筑，不予认定；给排水专业何×2009年取得中级职称，1996年毕业，1999年担当大型工程专业负责人，不予认定；温×2002年给排水专业毕业，2002年担当大型工程负责人且8年取得中级职称，不予认定。

（十七）给排水专业丁×元个人业绩不符合要求，2项中型业绩为规划业绩，不予认定。

（十八）建筑专业3人骆×、刘×、陈×为所学专业为工业与民用建筑，3人非建筑学专业，作为专业负责人业绩，不予认定。

（十九）主导专业15人，均在云南××建筑设计有限公司作为参与设计的大型业绩，不予认定；15人均到该单位完成的大型业绩不合实际，不予认定。

（二十）建筑、结构专业的注册人员作为非注册人员申报，未提供毕业证、职称证及个人业绩表，不予认定。

（二十一）暖通专业3人所学专业均为机械专业，所学专业与从事专业差别较大，不予认定。

（二十二）主要技术负责人人防业绩规模不详（规模表述不清），未按标准填写，不予认定；技术负责人大型工程超本单位人防乙级资质，不予认定；所有人员的大型业绩均为本单位完成的大型人防业绩，不予认定；防护专业人员卢×、崔×所学专业为结构，职称证未标专业，不予认定；防护专业李×所学专业为环境工程，职称证未标专业，不予认定；通信专业人员未提供个人业绩，不予认定；防护专业、防化专业人员所

学专业与从事专业相差较大，不予认定。（人防工程甲级）

（二十三）防护专业人员所学专业均为工业与民用建筑专业，不予认定。（人防工程甲级）

（二十四）主要技术负责人个人业绩不达标，不予认定；防护专业 3 人所学专业均为工业与民用建筑，不予认定；通信专业林×未提供毕业证，不予认定；所有人员个人业绩不达标，无 1 项单建式大型人防业绩，不予认定。（建筑行业甲级）

（二十五）技术负责人未提供作为项目负责人完成的业绩，作为专业负责人完成的业绩，不予认定；其申报的建筑工程的大型业绩，规模表述不清，无法判定规模且其中×××项目、×××项目完成业绩的设计单位×××设计有限公司为乙级，不予认定；建筑专业人员侯×、王×未提供人防项目业绩，黄×作为专业负责人完成的业绩不予认定，且所有个人的累计业绩不达标，不予认定；结构专业人员包×、李×均未提供人防业绩，其 5 人作为专业负责人完成的业绩不予认定，且所有个人的累计业绩不达标，不予认定；给排水专业人员王×未提供人防业绩，个人业绩的累计业绩不达标，不予认定；暖通专业人员孙×未提供人防业绩，个人业绩的累计业绩不达标，不予认定；电气专业人员余×未提供人防业绩，个人业绩的累计业绩不达标，不予认定；所有主导专业非注册人员个人业绩无法判断原单位资质信息，无法考核，不予认定。（建筑行业甲级）

（二十六）技术负责人未附毕业证、职称证，学历和职称无法考核，未主持过单建式人防工程，主持完成业绩不达标；暖通空调专业人员"本人在工程设计中所起作用"表述不清，无法认定，累计主持的单建式人防工程不达标；给水排水专业人员"本人在工程设计中所起作用"表述不清，无法认定，累计主持的单建式人防工程不达标。（建筑行业甲级）

（二十七）不同意建筑行业甲级，原因：施工部分不予认定。（申请建筑特级资质的情形）

市政——

（一）主要技术负责人及主导专业人员个人业绩为本单位超资质设计项目业绩，不予认定；企业业绩中大型业绩为本单位超资质业绩，不予认定；道路次干道业绩未提供竣工验收证明材料，不予认定。

（二）罗×职称证与简历不符，个人业绩不予认定；电气专业人员不符合标准要求，任×所学专业为电力机车、肖×所学专业为机车柴油机、蔡×所学专业为计算机科学与技术，专业与从事专业不符，不予认定。

（三）多人同时担任同一项目同一专业的专业负责人，不予认定。

（四）电气专业艾×、白×，通信专业刘×、闫×，站场及路线主导专业人员设计经历不足 10 年，不予认定；该单位从未具有轨道交通资质，所提供的联合设计业绩不予认定，担任技术负责人和专业负责人的个人业绩不予认定；李×、李×的个人业绩不达标，不予认定。（轨道交通工程甲级）

（五）主要技术负责人学历（大学本科）不清且无法证明其在合作中所做的工作，不予认定；桥梁专业薛×、陈×、李×所学专业、职称专业与从事专业不符，不予认定；给排水专业扬×中专毕业，不予认定。

（六）主要技术负责人到外单位承担大型项目负责人的业绩不予认定；结构专业注

册人员作为主导专业人员申报未提供"三证"及业绩表，不予认定；主导专业人员大型业绩为与外单位合作项目，不予认定。

（七）主要技术负责人未提供轨道交通业绩，不予认定；暖通专业3人、给排水专业3人均在本单位完成的地铁车站项目业绩，不予认定；电气专业2人均在本单位完成地铁站项目，以同样工程同时作为专业负责人，不予认定；自控专业2人、站场专业2人、线路专业3人、通信专业2人均无专业负责人的业绩，不予认定；桥梁专业2人同时在××设计院完成同样项目同时作为专业负责人，不予认定；一级注册建筑师执业资格注册在××设计研究院有限公司，不予认定；注册造价工程师吴×、张×未查询到注册信息，不予认定。（轨道交通工程甲级）

（八）注册造价师不达标，注册变更未到位，不予认定；电气专业王×职称发放单位与简历不符，不予认定；道路专业牛×所学专业与从事专业不符，不予认定；桥梁专业李×、韩×大型业绩在本单位完成，为超资质设计项目业绩，不予认定；企业业绩中未提供工程合同，不予认定。（道路工程）

（九）主要技术负责人个人业绩不达标，主持完成的项目业绩不足，不予认定；建筑专业1人、电气专业2人、给排水专业2人均无桥梁工程业绩，不予认定；桥梁专业2人大型业绩在××设计院完成，经核查该单位当时没有桥梁甲级资质，业绩不予认定。（桥梁工程）

（十）主要技术负责人未主持过隧道工程业绩；已完成项目未提供竣工验收证明材料，不予认定。（城市隧道工程）

（十一）动力专业所报人员中3人业绩不符合要求，规划业绩不予认定。（城镇燃气工程）

（十二）人员申报的个人业绩部分为铁路信号业绩，不符合所申请行业业绩的要求，不予认定。（轨道交通工程甲级资质）

（十三）业绩不达标，大部分为通信信号业绩，不予认定。（轨道交通工程甲级资质）

（十四）技术负责人在同一时间段内作为3个大型项目负责人，不予认定；陈×1970年出生，2006年取得××大学继续教育结业证，2007年1月即为大型业绩负责人，不予认定。（轨道交通工程甲级资质）

（十五）主要技术负责人、桥梁专业人员王×个人业绩"××市人行天桥桥梁工程"非申请专业业绩，不予认定；桥梁专业人员黄×个人业绩"××市府金信广场人行天桥桥梁工程""××市府高石崖人行天桥桥梁工程"非申请专业业绩，不予认定；给排水专业人员刘×所学专业、职称专业均与从事专业不符，不予认定；桥梁工程中建筑专业人员、电气专业人员、道路专业人员均未提供桥梁工程业绩，不予认定；道路工程中自控专业人员、桥梁专业人员均未提供道路工程业绩，不予认定；排水工程中结构专业人员未提供排水工程业绩，不予认定。［市政（燃气工程、轨道交通工程除外）行业甲级］

（十六）申请单位于20××年×月获得公路专业乙级、市政行业（排水工程、城镇燃气工程、城市隧道工程、轨道交通工程）专业甲级，按照相关规定应按照专业资质升级行业资质申报，申报材料中需提供企业业绩，但未提供企业业绩，无法考核，不予认定。（市政行业甲级）

（十七）未提供申报行业主要技术负责人，不予认定；缺少3名注册造价工程师，不予认定；给排水专业3人个人业绩重复使用，不予认定；动力专业王×学历专业与职称专业均与从事专业不符，个人业绩与申报专业不符；王×所学专业为测控技术与仪器，与从事专业不符；陈×所学专业为农业机械化，职称专业为机械管理，与从事专业不符，不予认定；马×设计经历不足，不予认定；机械专业舒×个人业绩"××市天然气利用工程"完成时间与工作简历不符，不予认定；机械专业所提供业绩均为燃气业绩，未覆盖标准专业；通信信号专业2人个人业绩重复，不予认定；站场专业李×、林×提供的3项业绩，其中2项不属于轨道交通工程且业绩证明单位与完成单位不一致，存疑，林×学历专业与职称专业均与岗位专业不符，不予认定；道路专业田×工作经历前后矛盾且业绩证明单位与完成单位不一致，存疑，不予认定；给排水专业国×、站场专业侯×职称证书与工作简历不符，不予认定；动力专业王×未提供职称证书，学历证书专业与从事专业不符，不予认定；园林专业文×业绩规模表述不清，"××大道一期工程热力工程"项目园林专业业绩不予认定；桥梁专业6人个人业绩均未提供轨道交通业绩，不予认定。（市政行业甲级）

三、工程设计专项资质

（一）技术负责人装饰设计经历不足8年，个人业绩不达标，在无资质单位完成业绩不予认定；装饰专业不足5人，郭×职称发放单位与简历不符，不予认定。（建筑装饰工程设计专项）

（二）主要技术负责人设计年限、个人业绩不达标，大型业绩为本单位超资质设计项目业绩，不予认定；结构专业人员不足2人，结构专业杨×学历为中专，不予认定。（建筑装饰工程设计专项）

（三）除电气专业外其余人员均不满足标准要求，暖通专业郭×中专毕业，不予认定；结构专业辛×只有1项中型业绩，不予认定；给排水专业人员专业不符，不予认定；结构专业邢×所报2项业绩中，1项业绩规模描述不清，不予认定；建筑专业赵×所报2项业绩中，1项业绩规模描述不清，不予认定；赵×与刘×于同一所学校毕业、二人毕业时间相差11年，但毕业证书号仅相差4个号，且赵×1985年毕业，原国家教育委员会发证，不予认定。（建筑装饰工程设计专项）

（四）企业业绩数量不足3项，所报的业绩"扬州××9号楼智能化弱电项目"，承接项目单位前后不一致，不予认定。（建筑智能化系统设计专项）

（五）主要技术负责人个人业绩不达标，不予认定；自动化专业4人所学专业与从事专业不符，不予认定；给排水专业人员所学专业为水利水电专业，不予认定；汪×等3人个人业绩不达标，不予认定；所提供的企业业绩均为施工业绩，不予认定。（建筑智能化系统设计专项）

（六）1项企业业绩合同与验收建设单位公章名称不一致，不予认定。（建筑智能化系统设计专项）

（七）幕墙所有人员完成的个人业绩中均未担任项目主持人，不予认定；机械专业人员徐×从事幕墙设计不足3年且个人经历与完成业绩单位不符，不予认定；冯×、

梁×、赵×、徐×的个人业绩为本单位超资质设计项目业绩，不予认定。（建筑幕墙工程设计专项）

（八）部分人员个人业绩中的项目非主持项目，不予认定；单位业绩均为施工项目且竣工验收无设计单位名称，不予认定。（建筑幕墙工程设计专项）

（九）企业业绩中海城×××及辽宁××2项业绩的合同及验收证明文件中均无法体现设计内容，不予认定。（建筑幕墙工程设计专项）

（十）建筑专业人员高×所学专业、职称专业与从事专业不符，未提供社保证明，不予认定；未提供外方投资者在所在地区从事工程设计的业绩证明，不予认定。（轻型钢结构工程设计专项）

（十一）主要技术负责人无任命文件，不予认定。（轻型钢结构工程设计专项）

（十二）企业业绩"××钢结构工程建设有限公司新厂区厂房钢结构工程""××市钢管有限公司厂区厂房钢结构工程"设计合同及竣工验收报告中技术规模指标表述不清，不予认定。（轻型钢结构工程设计专项）

（十三）风景园林专业人员业绩存在超资质设计、规划设计、多项业绩未按标准要求规模指标填写等问题，不予认定。（风景园林工程设计专项）

（十四）园林专业人员林×职称证书所在单位与工作简历不符，不予认定；所有企业业绩设计合同中均无技术规模指标，无法判定，不予认定。（风景园林工程设计专项）

（十五）主要技术负责人李×未提供专业技术人员基本情况及业绩表，无法判定，不予认定；风景园林专业人员齐×业绩证明中工作时间、单位名称与工作简历不符，在××建筑设计有限公司完成的个人业绩"×××学校景观设计"不予认定；建筑专业人员秦×取得一年期结业证书前完成的个人业绩不予认定；概预算专业人员杨×未提供专业技术人员基本情况、业绩表及相关证明材料，无法判定，不予认定。（风景园林工程设计专项）

（十六）个人业绩未具体表述，无法判定，不予认定。（消防设施工程设计专项）

（十七）缺少2项达标业绩工程，不符合标准要求，不予认定。（消防设施工程设计专项）

（十八）技术负责人从事消防设施工程设计经历未具体表述，无法判定，不予认定；个人承担具体消防系统设计业绩未表述，无法判定，不予认定。（消防设施工程设计专项）

（十九）环境专业人员秦×个人业绩"×××有限责任公司下沟煤矿污废水处理工程""××淀粉厂废水处理工程"属于无资质承揽项目，不予认定。（环境工程设计专项）

（二十）主要技术负责人所报2项业绩中，1项业绩规模描述不清，不予认定；多数专业技术人员的个人业绩在××环保工程有限公司完成，但个人经历与项目完成时间不符且均不是项目主持人，不予认定；暖通专业孙×、方×个人业绩与申报专业不符，不予认定；概预算人员2人均为会计，不予认定；所报4项业绩中2项与申报专业不符（电厂项目），1项为设备供货合同，1项无验收证明，不予认定；环保专业韩×、自控专业钟×无社保，不予认定；樊×（自控专业）个人业绩完成单位为××有限公司（无设计资质），不予认定。（环境工程设计专项）

（二十一）环保专业人员林×职称证书存疑，不予认定；环保专业人员林×2007年1月1日财务会计专业大专毕业，2007年9月至2008年12月作为专业技术负责人完成的个人业绩"×××电厂脱硫工程"不予认定；企业业绩"×××电除尘器提效改造"合同为施工合同，不予认定。(环境工程设计专项)

(二十二)除主要技术负责人外，所有专业技术人员个人业绩所起作用表述不清，不予认定；建筑专业人员雷×所学专业、职称专业均与从事专业不符，不予认定。(照明工程设计专项)

(二十三)未提供净资产指标，不予认定。(照明工程设计专项)

(二十四)电气专业人员金×学历不达标，不予认定；单位年度照明工程设计工作量累计合同额不足 2000 万元，不予认定。(照明工程设计专项)

第六章
勘察设计资质申报常见问题解答

一、勘察设计资质最新政策如何获取？

答：可在住房城乡建设部网站上获取。具体获取方式为：住房城乡建设部网站（www.mohurd.gov.cn）→建设工程企业资质行政审批专栏。

另外，也可以关注"东空间"公众号（east-space）及时获取相关政策信息。

二、勘察设计资质的申报渠道是什么？

答：申请住房城乡建设部审批的资质，企业通过住房城乡建设部官网上的"企业行政审批"进入"住房和城乡建设部政务服务门户"，注册账号登录后，按照相关规定办理。其中，办理延续业务的，直接在"住房和城乡建设部政务服务门户"系统中提供的网页上提交相关材料办理；办理延续以外业务的，须下载资质申报软件，生成数据文件后，将数据文件报企业工商注册所在地省级住房城乡建设主管部门，由省级住房城乡建设主管部门报住房城乡建设部。

申请省级及以下住房城乡建设主管部门审批的资质，申报程序由省级住房城乡建设主管部门依法确定。

三、勘察设计企业申请资质升级有年限要求吗？

答：企业申请工程设计资质没有年限限制，只需达到相应资质标准即可。

企业申请工程勘察资质升级时有年限限制，工程勘察专业资质乙级升级为甲级，申报企业需要具有5年及以上工程勘察资历；工程勘察专业资质升级为工程勘察综合资质，申报企业需要具有10年及以上工程勘察资历。

四、企业首次申请、增项申请、升级申请勘察设计资质，审查公示意见为"业绩、人员不达标"，企业在陈述时可否补充新的业绩和人员材料？

答：不允许。企业的陈述只能针对原有材料作出说明，不能增加新的业绩或补充新的人员。

五、申请住房城乡建设部审批的资质如何查询审批进展？

答：可在住房城乡建设部网站上下载查询软件进行查询。具体下载路径为：住房城乡建设部网站（www.mohurd.gov.cn）→政务服务平台→申请事项办理进度查询（受理发证信息查询）。

六、勘察设计资质证书的有效期为几年？有效期满后如何办理延续？资质证书上的所有资质需同时提出延续申请吗？

答：勘察设计资质证书为建设工程企业资质证书的一种，有效期为5年。企业应在资质证书载明的有效期届满60日前，向原资质许可机关按原申报程序申请办理资质证书有效期延续手续。资质证书上的所有资质应同时提出延续申请。逾期未提出延续申请的，资质证书自动失效。

七、存在违法违规行为或发生质量安全事故的企业和个人业绩是否认可？

答：存在违法违规行为或发生质量安全事故的项目，作为企业和个人业绩申报时，不予认可。质量安全事故情况可以可登录住房城乡建设部网站（www.mohurd.gov.cn）→工程质量安全监管→事故快报栏目查询。

八、企业净资产指标如何考核？

答：企业净资产就是企业所有者（即投资方或股东）权益，是指所有者在企业资产中享有的经济利益，其金额为资产减去负债后的余额，即企业年度财务报表中的"所有者权益"。所有者权益包括实收资本（或者股本）、资本公积、盈余公积和未分配利润等。

企业应提供申请资质的上年度或当期合法的财务报表（全套报告）。

首次申请资质的，以提供的企业"营业执照"所载注册资本考核净资产。

申请多类资质的，企业净资产不累加计算考核，按企业所申请资质和已拥有资质标准要求的净资产指标最高值为准。

九、全国建筑市场监管公共服务平台业绩如何填写？

答：申报企业应按照建设工程企业资质申报软件提示要求，填报企业业绩和个人业绩资料，并填写全国建筑市场监管公共服务平台相应工程项目的16位项目编号。

十、对企业主要技术负责人（或总工程师）的个人业绩是如何要求的？

答：企业主要技术负责人（或总工程师）的个人业绩应符合所申请工程勘察、设计类型，作为项目负责人主持完成本专业工程勘察业绩。申请综合资质或两个及以上工程勘察、设计专业资质时，应提供其中某一工程勘察、设计类型项目业绩。

企业主要技术负责人（或总工程师）是指企业中对工程勘察、设计业务在技术上负总责的人员。对于企业申报工程勘察、设计综合资质或申报两个及以上工程勘察、设计专业资质的，只需申报1人，此人的个人业绩应为本次申报的资质类型中的一种。

十一、企业主要技术负责人（或总工程师）可以同时作为注册人员或非注册人员之一进行申报吗？

答：可以。但其学历、职称、工程勘察、设计经历、个人业绩等指标，要分别满足企业主要技术负责人（或总工程师）、注册人员（或非注册人员）的要求。

十二、一个注册人员同时具备两个及以上注册执业资格，在资质申报时，是否可以重复计算？

答：不可以。当一个注册人员同时具有两个及以上注册执业资格作为注册人员考核时，只认定一个专业的注册执业资格，其他注册执业资格不再作为相关专业的注册人员予以认定。如一个注册人员同时具有一级注册建筑师、一级注册结构工程师两个注册执业资格，资质申报时只能选用其一，不能同时作为建筑、结构专业的注册执业人员进行申报。

十三、申报工程勘察、设计资质时，是否可以将注册执业人员作为非注册人员进行申报？

答：可以。注册人员作为非注册人员申报时，其学历、职称、工程勘察、设计经历、个人业绩等指标需满足工程勘察、设计资质标准对非注册人员的要求。如注册建筑师可以替代建筑专业岗位的非注册人员，但其仍应满足中级及以上技术职称、10年以上工程设计经历的要求。该专业作为主导专业考核的，还应提供个人业绩。

十四、工程勘察、设计企业申报资质延续，是否需要提供企业业绩证明材料？

答：不需要。

十五、申请化工石化医药、市政等工程设计行业资质时，资质标准要求个人业绩需涵盖本行业中的若干设计类型，是否要求每个技术人员提供的个人业绩都需涵盖上述设计类型呢？

答：不需要。企业配备技术人员提供的个人业绩覆盖了资质标准要求的设计类型即可，并不需要每个技术人员都满足资质标准要求的全部设计类型的要求。

十六、已办理退休手续，但尚未到 60 周岁的人员是否可以作为资质标准要求的人员予以认定？

答：可以。除按工程勘察、设计资质标准要求提供有关学历、职称、合同等证明材料，填写《专业技术人员基本情况及业绩表》外，还需提供原聘用单位出具的退休证明。

十七、资质标准要求的企业业绩可否是已完成设计工作，但尚未建成的项目？需提供什么证明材料？

答：未建成的项目不能认定。企业业绩必须是竣工投产的或者是已经试运行的项目。其证明材料包括：建设单位（业主）出具的工程竣工、移交、试运行证明文件或工程竣工验收文件等。

十八、申请工程设计行业甲级资质的企业需具备哪些条件？

答：申请工程设计行业甲级资质的企业需具备以下资质条件之一：
（一）具备所申请行业乙级行业资质。
（二）具备所申请行业技术人员配备表中所要求设计类型对应的专业甲级资质。
（三）具备所申请行业技术人员配备表中所要求设计类型中部分设计类型具有专业甲级资质，另外的部分设计类型具备专业乙级资质。

十九、设计资质标准中对于总图专业人员所学专业、职称专业如何要求？

答：工艺、规划、建筑专业可以作为总图专业的相近专业认可。结构专业不作为总图专业的相近专业予以认可。

二十、申请建筑行业或建筑行业建筑工程专业资质，企业主要技术负责人必须是一级注册建筑师吗？

答：建筑行业或建筑行业建筑工程专业资质要求的企业主要技术负责人必须是一级注册建筑师。
《工程设计资质标准》（建市〔2007〕86 号）对甲级技术负责人的要求为：企业主要技术负责人或总工程师应当具有大学本科以上学历、10 年以上设计经历且主持过所申请行业相应专业设计类型的大型项目工程设计不少于 2 项，具备注册执业资格或高级专业技术职称。对乙级技术负责人的要求为：企业的主要技术负责人或总工程师应当具有大学本科以上学历、10 年以上设计经历且主持过所申请行业相应专业设计类型的中型项目工程设计不少于 3 项或大型项目工程设计不少于 1 项，具备注册执业资格或高级专业技术职称。主要技术负责人或总工程师应当具备注册执业资格或高级专业技术职称。

根据《注册建筑师条例实施细则》（建设部令第 167 号）第二十九条规定：一级注册建筑师的执业范围不受工程项目规模和工程复杂程度的限制。二级注册建筑师的执业范围只限于承担工程设计资质标准中建设项目设计规模划分表中规定的小型规模的项目。因此，能主持设计大型或中型项目的只能是一级注册建筑师。

二十一、《国务院关于深化"证照分离"改革进一步激发市场主体发展活力的通知》（国发〔2021〕7 号）取消的勘察、设计丙级及以下级别资质如何换证？

答：企业在资质证书有效期届满前换领有效期 1 年的相应专业资质证书。

工程设计公路和水利行业专业丙级资质证书换领相同行业专业乙级资质证书，由住房城乡建设部办理。企业登录建设工程企业资质申报软件进行申报（软件下载网址：http：//jsb.justonetech.com/Main），生成数据包后交省级住房和城乡建设行政主管部门转报。

工程勘察设计丙级资质证书（公路和水利行业丙级除外）换领相同行业专业乙级资质证书，由省级住房和城乡建设行政主管部门办理。

企业换证后应在资质证书有效期届满前，按有关资质管理规定和资质标准申请延续，逾期自动作废。

附录

1. 建设工程勘察设计资质管理规定

【发文信息】

1. 2007年6月26日建设部发布；

2. 建设部令第160号；

3. 2007年9月1日施行，2001年7月25日建设部颁布的《建设工程勘察设计企业资质管理规定》（建设部令第93号）同时废止；

4. 根据2015年5月4日《住房城乡建设部关于修改〈房地产开发企业资质管理规定〉等部门规章的决定》（住建部令第24号）第一次修改；

5. 根据2016年10月20日《住房城乡建设部关于修改〈勘察设计注册工程师管理规定〉等11个部门规章的决定》（住建部令第32号）第二次修改；

6. 根据2018年12月29日《住房城乡建设部关于修改〈建筑业企业资质管理规定〉等部门规章的决定》（住建部令第45号）第三次修改；

7. 勘察资质丙级和设计资质丙级、丁级被2021年6月3日国务院发布的《国务院关于深化"证照分离"改革进一步激发市场主体发展活力的通知》（国发〔2021〕7号）取消，涉及的相关内容供参考使用。

建设工程勘察设计资质管理规定

建设部令第160号

《建设工程勘察设计资质管理规定》已于2006年12月30日经建设部第114次常务会议讨论通过，现予发布，自2007年9月1日起施行。

建设部部长　汪光焘
二〇〇七年六月二十六日

第一章 总 则

第一条 为了加强对建设工程勘察、设计活动的监督管理，保证建设工程勘察、设计质量，根据《中华人民共和国行政许可法》、《中华人民共和国建筑法》、《建设工程质量管理条例》和《建设工程勘察设计管理条例》等法律、行政法规，制定本规定。

第二条 在中华人民共和国境内申请建设工程勘察、工程设计资质，实施对建设工程勘察、工程设计资质的监督管理，适用本规定。

第三条 从事建设工程勘察、工程设计活动的企业，应当按照其拥有的资产、专业技术人员、技术装备和勘察设计业绩等条件申请资质，经审查合格，取得建设工程勘察、工程设计资质证书后，方可在资质许可的范围内从事建设工程勘察、工程设计活动。

第四条 国务院住房城乡建设主管部门负责全国建设工程勘察、工程设计资质的统一监督管理。国务院铁路、交通、水利、信息产业、民航等有关部门配合国务院住房城乡建设主管部门实施相应行业的建设工程勘察、工程设计资质管理工作。

省、自治区、直辖市人民政府住房城乡建设主管部门负责本行政区域内建设工程勘察、工程设计资质的统一监督管理。省、自治区、直辖市人民政府交通、水利、信息产业等有关部门配合同级建设主管部门实施本行政区域内相应行业的建设工程勘察、工程设计资质管理工作。

第二章 资质分类和分级

第五条 工程勘察资质分为工程勘察综合资质、工程勘察专业资质、工程勘察劳务资质。

工程勘察综合资质只设甲级；工程勘察专业资质设甲级、乙级，根据工程性质和技术特点，部分专业可以设丙级；工程勘察劳务资质不分等级。

取得工程勘察综合资质的企业，可以承接各专业（海洋工程勘察除外）、各等级工程勘察业务；取得工程勘察专业资质的企业，可以承接相应等级相应专业的工程勘察业务；取得工程勘察劳务资质的企业，可以承接岩土工程治理、工程钻探、凿井等工程勘察劳务业务。

第六条 工程设计资质分为工程设计综合资质、工程设计行业资质、工程设计专业资质和工程设计专项资质。

工程设计综合资质只设甲级；工程设计行业资质、工程设计专业资质、工程设计专项资质设甲级、乙级。

根据工程性质和技术特点，个别行业、专业、专项资质可以设丙级，建筑工程专业资质可以设丁级。

取得工程设计综合资质的企业，可以承接各行业、各等级的建设工程设计业务；取得工程设计行业资质的企业，可以承接相应行业相应等级的工程设计业务及本行业范围内同级别的相应专业、专项（设计施工一体化资质除外）工程设计业务；取得工程设计专业资质的企业，可以承接本专业相应等级的专业工程设计业务及同级别的相应专项工程设计业务（设计施工一体化资质除外）；取得工程设计专项资质的企业，可以承接本专项相应等级的专项工程设计业务。

第七条 建设工程勘察、工程设计资质标准和各资质类别、级别企业承担工程的具体范围由国务院住房城乡建设主管部门商国务院有关部门制定。

第三章 资质申请和审批

第八条 申请工程勘察甲级资质、工程设计甲级资质，以及涉及铁路、交通、水利、信息产业、民航等方面的工程设计乙级资质的，应当向企业工商注册所在地的省、自治区、直辖市人民政府建设主管部门提出申请。其中，国务院国资委管理的企业应当向国务院建设主管部门提出申请；国务院国资委管理的企业下属一层级的企业申请资质，应当由国务院国资委管理的企业向国务院建设主管部门提出申请。

省、自治区、直辖市人民政府建设主管部门应当自受理申请之日起 20 日内初审完毕，并将初审意见和申请材料报国务院建设主管部门。

国务院建设主管部门应当自省、自治区、直辖市人民政府建设主管部门受理申请材料之日起 60 日内完成审查，公示审查意见，公示时间为 10 日。其中，涉及铁路、交通、水利、信息产业、民航等方面的工程设计资质，由国务院建设主管部门送国务院有关部门审核，国务院有关部门在 20 日内审核完毕，并将审核意见送国务院建设主管部门。

第九条 工程勘察乙级及以下资质、劳务资质、工程设计乙级（涉及铁路、交通、水利、信息产业、民航等方面的工程设计乙级资质除外）及以下资质许可由省、自治区、直辖市人民政府建设主管部门实施。具体实施程序由省、自治区、直辖市人民政府建设主管部门依法确定。

省、自治区、直辖市人民政府建设主管部门应当自作出决定之日起 30 日内，将准予资质许可的决定报国务院建设主管部门备案。

第十条 工程勘察、工程设计资质证书分为正本和副本，正本一份，副本六份，由国务院建设主管部门统一印制，正、副本具备同等法律效力。资质证书有效期为 5 年。

第十一条 企业首次申请工程勘察、工程设计资质，应当提供以下材料：

（一）工程勘察、工程设计资质申请表；

（二）企业法人、合伙企业营业执照副本复印件；

（三）企业章程或合伙人协议；

（四）企业法定代表人、合伙人的身份证明；

（五）企业负责人、技术负责人的身份证明、任职文件、毕业证书、职称证书及相关资质标准要求提供的材料；

（六）工程勘察、工程设计资质申请表中所列注册执业人员的身份证明、注册执业证书；

（七）工程勘察、工程设计资质标准要求的非注册专业技术人员的职称证书、毕业证书、身份证明及个人业绩材料；

（八）工程勘察、工程设计资质标准要求的注册执业人员、其他专业技术人员与原聘用单位解除聘用劳动合同的证明及新单位的聘用劳动合同；

（九）资质标准要求的其他有关材料。

第十二条 企业申请资质升级应当提交以下材料：

（一）本规定第十一条第（一）、（二）、（五）、（六）、（七）、（九）项所列资料；

（二）工程勘察、工程设计资质标准要求的非注册专业技术人员与本单位签定的劳动合同及社保证明；

（三）原工程勘察、工程设计资质证书副本复印件；

（四）满足资质标准要求的企业工程业绩和个人工程业绩。

第十三条 企业增项申请工程勘察、工程设计资质，应当提交下列材料：

（一）本规定第十一条所列（一）、（二）、（五）、（六）、（七）、（九）的资料；

（二）工程勘察、工程设计资质标准要求的非注册专业技术人员与本单位签定的劳动合同及社保证明；

（三）原资质证书正、副本复印件；

（四）满足相应资质标准要求的个人工程业绩证明。

第十四条 资质有效期届满，企业需要延续资质证书有效期的，应当在资质证书有效期届满60日前，向原资质许可机关提出资质延续申请。

对在资质有效期内遵守有关法律、法规、规章、技术标准，信用档案中无不良行为记录，且专业技术人员满足资质标准要求的企业，经资质许可机关同意，有效期延续5年。

第十五条 企业在资质证书有效期内名称、地址、注册资本、法定代表人等发生变更的，应当在工商部门办理变更手续后30日内办理资质证书变更手续。

取得工程勘察甲级资质、工程设计甲级资质，以及涉及铁路、交通、水利、信息产业、民航等方面的工程设计乙级资质的企业，在资质证书有效期内发生企业名称变更的，应当向企业工商注册所在地省、自治区、直辖市人民政府建设主管部门提出变更申请，省、自治区、直辖市人民政府建设主管部门应当自受理申请之日起2日内将有关变更证明材料报国务院建设主管部门，由国务院建设主管部门在2日内办理变更手续。

前款规定以外的资质证书变更手续，由企业工商注册所在地的省、自治区、直辖市人民政府建设主管部门负责办理。省、自治区、直辖市人民政府建设主管部门应当自受理申请之日起2日内办理变更手续，并在办理资质证书变更手续后15日内将变更结果报国务院建设主管部门备案。

涉及铁路、交通、水利、信息产业、民航等方面的工程设计资质的变更，国务院建设主管部门应当将企业资质变更情况告知国务院有关部门。

第十六条 企业申请资质证书变更，应当提交以下材料：

（一）资质证书变更申请；

（二）企业法人、合伙企业营业执照副本复印件；

（三）资质证书正、副本原件；

（四）与资质变更事项有关的证明材料。

企业改制的，除提供前款规定资料外，还应当提供改制重组方案、上级资产管理部门或者股东大会的批准决定、企业职工代表大会同意改制重组的决议。

第十七条 企业首次申请、增项申请工程勘察、工程设计资质，其申请资质等级最高不超过乙级，且不考核企业工程勘察、工程设计业绩。

已具备施工资质的企业首次申请同类别或相近类别的工程勘察、工程设计资质的，可以将相应规模的工程总承包业绩作为工程业绩予以申报。其申请资质等级最高不超过其现有施工资质等级。

第十八条 企业合并的，合并后存续或者新设立的企业可以承继合并前各方中较高的资质等级，但应当符合相应的资质标准条件。

企业分立的，分立后企业的资质按照资质标准及本规定的审批程序核定。

企业改制的，改制后不再符合资质标准的，应按其实际达到的资质标准及本规定重新核定；资质条件不发生变化的，按本规定第十六条办理。

第十九条 从事建设工程勘察、设计活动的企业，申请资质升级、资质增项，在申请之日起前一年内有下列情形之一的，资质许可机关不予批准企业的资质升级申请和增项申请：

（一）企业相互串通投标或者与招标人串通投标承揽工程勘察、工程设计业务的；

（二）将承揽的工程勘察、工程设计业务转包或违法分包的；

（三）注册执业人员未按照规定在勘察设计文件上签字的；

（四）违反国家工程建设强制性标准的；

（五）因勘察设计原因造成过重大生产安全事故的；

（六）设计单位未根据勘察成果文件进行工程设计的；

（七）设计单位违反规定指定建筑材料、建筑构配件的生产厂、供应商的；

（八）无工程勘察、工程设计资质或者超越资质等级范围承揽工程勘察、工程设计业务的；

（九）涂改、倒卖、出租、出借或者以其他形式非法转让资质证书的；

（十）允许其他单位、个人以本单位名义承揽建设工程勘察、设计业务的；

（十一）其他违反法律、法规行为的。

第二十条 企业在领取新的工程勘察、工程设计资质证书的同时，应当将原资质证书交回原发证机关予以注销。

企业需增补（含增加、更换、遗失补办）工程勘察、工程设计资质证书的，应当持资质证书增补申请等材料向资质许可机关申请办理。遗失资质证书的，在申请补办前应当在公众媒体上刊登遗失声明。资质许可机关应当在2日内办理完毕。

第四章 监督与管理

第二十一条 国务院建设主管部门对全国的建设工程勘察、设计资质实施统一的监督管理。国务院铁路、交通、水利、信息产业、民航等有关部门配合国务院建设主管部门对相应的行业资质进行监督管理。

县级以上地方人民政府建设主管部门负责对本行政区域内的建设工程勘察、设计资质实施监督管理。县级以上人民政府交通、水利、信息产业等有关部门配合同级建设主管部门对相应的行业资质进行监督管理。

上级建设主管部门应当加强对下级建设主管部门资质管理工作的监督检查，及时纠正资质管理中的违法行为。

第二十二条 建设主管部门、有关部门履行监督检查职责时，有权采取下列措施：

（一）要求被检查单位提供工程勘察、设计资质证书、注册执业人员的注册执业证书，有关工程勘察、设计业务的文档，有关质量管理、安全生产管理、档案管理、财务管理等企业内部管理制度的文件；

（二）进入被检查单位进行检查，查阅相关资料；

（三）纠正违反有关法律、法规和本规定及有关规范和标准的行为。

建设主管部门、有关部门依法对企业从事行政许可事项的活动进行监督检查时，应当将监督检查情况和处理结果予以记录，由监督检查人员签字后归档。

第二十三条 建设主管部门、有关部门在实施监督检查时，应当有两名以上监督检查人员参加，并出示执法证件，不得妨碍企业正常的生产经营活动，不得索取或者收受企业的财物，不得谋取其他利益。

有关单位和个人对依法进行的监督检查应当协助与配合，不得拒绝或者阻挠。

监督检查机关应当将监督检查的处理结果向社会公布。

第二十四条 企业违法从事工程勘察、工程设计活动的，其违法行为发生地的建设主管部门应当依法将企业的违法事实、处理结果或处理建议告知该企业的资质许可机关。

第二十五条 企业取得工程勘察、设计资质后，不再符合相应资质条件的，建设主管部门、有关部门根据利害关系人的请求或者依据职权，可以责令其限期改正；逾期不改的，资质许可机关可以撤回其资质。

第二十六条 有下列情形之一的，资质许可机关或者其上级机关，根据利害关系人的请求或者依据职权，可以撤销工程勘察、工程设计资质：

（一）资质许可机关工作人员滥用职权、玩忽职守作出准予工程勘察、工程设计资质许可的；

（二）超越法定职权作出准予工程勘察、工程设计资质许可的；

（三）违反资质审批程序作出准予工程勘察、工程设计资质许可的；

（四）对不符合许可条件的申请人作出工程勘察、工程设计资质许可的；

（五）依法可以撤销资质证书的其他情形。

以欺骗、贿赂等不正当手段取得工程勘察、工程设计资质证书的，应当予以撤销。

第二十七条 有下列情形之一的，企业应当及时向资质许可机关提出注销资质的申请，交回资质证书，资质许可机关应当办理注销手续，公告其资质证书作废：

（一）资质证书有效期届满未依法申请延续的；

（二）企业依法终止的；

（三）资质证书依法被撤销、撤回，或者吊销的；

（四）法律、法规规定的应当注销资质的其他情形。

第二十八条 有关部门应当将监督检查情况和处理意见及时告知建设主管部门。资质许可机关应当将涉及铁路、交通、水利、信息产业、民航等方面的资质被撤回、撤销和注销的情况及时告知有关部门。

第二十九条 企业应当按照有关规定，向资质许可机关提供真实、准确、完整的企业信用档案信息。

企业的信用档案应当包括企业基本情况、业绩、工程质量和安全、合同违约等情况。被投诉举报和处理、行政处罚等情况应当作为不良行为记入其信用档案。

企业的信用档案信息按照有关规定向社会公示。

第五章　法律责任

第三十条　企业隐瞒有关情况或者提供虚假材料申请资质的，资质许可机关不予受理或者不予行政许可，并给予警告，该企业在1年内不得再次申请该资质。

第三十一条　企业以欺骗、贿赂等不正当手段取得资质证书的，由县级以上地方人民政府建设主管部门或者有关部门给予警告，并依法处以罚款；该企业在3年内不得再次申请该资质。

第三十二条　企业不及时办理资质证书变更手续的，由资质许可机关责令限期办理；逾期不办理的，可处以1000元以上1万元以下的罚款。

第三十三条　企业未按照规定提供信用档案信息的，由县级以上地方人民政府建设主管部门给予警告，责令限期改正；逾期未改正的，可处以1000元以上1万元以下的罚款。

第三十四条　涂改、倒卖、出租、出借或者以其他形式非法转让资质证书的，由县级以上地方人民政府建设主管部门或者有关部门给予警告，责令改正，并处以1万元以上3万元以下的罚款；造成损失的，依法承担赔偿责任；构成犯罪的，依法追究刑事责任。

第三十五条　县级以上地方人民政府建设主管部门依法给予工程勘察、设计企业行政处罚的，应当将行政处罚决定以及给予行政处罚的事实、理由和依据，报国务院建设主管部门备案。

第三十六条　建设主管部门及其工作人员，违反本规定，有下列情形之一的，由其上级行政机关或者监察机关责令改正；情节严重的，对直接负责的主管人员和其他直接责任人员，依法给予行政处分：

（一）对不符合条件的申请人准予工程勘察、设计资质许可的；

（二）对符合条件的申请人不予工程勘察、设计资质许可或者未在法定期限内作出许可决定的；

（三）对符合条件的申请不予受理或者未在法定期限内初审完毕的；

（四）利用职务上的便利，收受他人财物或者其他好处的；

（五）不依法履行监督职责或者监督不力，造成严重后果的。

第六章　附　　则

第三十七条　本规定所称建设工程勘察包括建设工程项目的岩土工程、水文地质、工程测量、海洋工程勘察等。

第三十八条　本规定所称建设工程设计是指：

（一）建设工程项目的主体工程和配套工程（含厂（矿）区内的自备电站、道路、专用铁路、通信、各种管网管线和配套的建筑物等全部配套工程）以及与主体工程、配套工程相关的工艺、土木、建筑、环境保护、水土保持、消防、安全、卫生、节能、防雷、抗震、照明工程等的设计。

（二）建筑工程建设用地规划许可证范围内的室外工程设计、建筑物构筑物设计、民用建筑修建的地下工程设计及住宅小区、工厂厂前区、工厂生活区、小区规划设计及单体设计等，以及上述建筑工程所包含的相关专业的设计内容（包括总平面布置、竖向设计、各类管网管线设计、景观设计、室内外环境设计及建筑装饰、道路、消防、安保、通信、防雷、人防、供配电、照明、废水治理、空调设施、抗震加固等）。

第三十九条 取得工程勘察、工程设计资质证书的企业，可以从事资质证书许可范围内相应的建设工程总承包业务，可以从事工程项目管理和相关的技术与管理服务。

第四十条 本规定自 2007 年 9 月 1 日起实施。2001 年 7 月 25 日建设部颁布的《建设工程勘察设计企业资质管理规定》（建设部令第 93 号）同时废止。

2. 关于印发《建设工程勘察设计资质管理规定实施意见》的通知

【发文信息】

1. 2007 年 8 月 21 日建设部发布；
2. 建市〔2007〕202 号；
3. 根据 2015 年 12 月 10 日住房城乡建设部《关于调整工程设计综合资质中年度工程勘察设计营业收入指标考核有关问题的通知》（建市〔2015〕202 号）第一次修正；
4. 根据 2016 年 6 月 16 日住房城乡建设部《关于建设工程企业资质管理资产考核有关问题的通知》（建市〔2016〕122 号）第二次修正；
5. 勘察资质丙级和设计资质丙级、丁级被 2021 年 6 月 3 日国务院发布的《国务院关于深化"证照分离"改革进一步激发市场主体发展活力的通知》（国发〔2021〕7 号）取消，涉及的相关内容供参考使用。

关于印发《建设工程勘察设计资质管理规定实施意见》的通知

建市〔2007〕202 号

各省、自治区建设厅，直辖市建委，北京市规划委，新疆生产建设兵团建设局，国务院各有关部门建设司，总后基建营房部工程局，国资委管理的有关企业，有关行业协会：

根据《建设工程勘察设计资质管理规定》（建设部令第 160 号）和《工程设计资质标准》（建市〔2007〕86 号），我部组织制定了《建设工程勘察设计资质管理规定实施意见》，现印发给你们，请遵照执行。执行中有何问题，请与我部建筑市场管理司联系。

中华人民共和国建设部
二〇〇七年八月二十一日

建设工程勘察设计资质管理规定实施意见

为实施《建设工程勘察设计资质管理规定》（建设部令第 160 号）（以下简称新《规定》）和《工程设计资质标准》（建市〔2007〕86 号）（以下简称新《标准》），制定本实施意见。

一、资质申请条件

（一）凡在中华人民共和国境内，依法取得工商行政管理部门颁发的企业法人营业执照的企业，均可申请建设工程勘察、工程设计资质。依法取得合伙企业营业执照的企业，只可申请建筑工程设计事务所资质。

（二）因建设工程勘察未对外开放，资质审批部门不受理外商投资企业（含新成立、改制、重组、合并、并购等）申请建设工程勘察资质。

（三）工程设计综合资质涵盖所有工程设计行业、专业和专项资质。凡具有工程设计综合资质的企业不需单独申请工程设计行业、专业或专项资质证书。

工程设计行业资质涵盖该行业资质标准中的全部设计类型的设计资质。凡具有工程设计某行业资质的企业不需单独申请该行业内的各专业资质证书。

（四）具备建筑工程行业或专业设计资质的企业，可承担相应范围相应等级的建筑装饰工程设计、建筑幕墙工程设计、轻型钢结构工程设计、建筑智能化系统设计、照明工程设计和消防设施工程设计等专项工程设计业务，不需单独申请以上专项工程设计资质。

（五）有下列资质情形之一的，资质审批部门按照升级申请办理：

1. 具有工程设计行业、专业、专项乙级资质的企业，申请与其行业、专业、专项资质对应的甲级资质的；

2. 具有工程设计行业乙级资质或专业乙级资质的企业，申请现有资质范围内的一个或多个专业甲级资质的；

3. 具有工程设计某行业或专业甲、乙级资质的企业，其本行业和本专业工程设计内容中包含了某专项工程设计内容，申请相应的专项甲级资质的；

4. 具有丙级、丁级资质的企业，直接申请乙级资质的。

（六）新设置的分级别的工程勘察设计资质，自正式设置起，设立两年过渡期。在过渡期内，允许企业根据实际达到的条件申请资质等级，不受最高不超过乙级申请的限制，且申报材料不需提供企业业绩。

（七）具有一级及以上施工总承包资质的企业可直接申请同类别或相近类别的工程设计甲级资质。具有一级及以上施工总承包资质的企业申请不同类别的工程设计资质的，应从乙级资质开始申请（不设乙级的除外）。

（八）企业的专业技术人员、工程业绩、技术装备等资质条件，均是以独立企业法人为审核单位。企业（集团）的母、子公司在申请资质时，各项指标不得重复计算。

（九）允许每个大专院校有一家所属勘察设计企业可以聘请本校在职教师和科研人员作为企业的主要专业技术人员，但是其人数不得大于资质标准中要求的专业技术人员总数的三分之一，且聘期不得少于2年。在职教师和科研人员作为非注册人员考核时，其职称应满足讲师/助理研究员及以上要求，从事相应专业的教学、科研和设计时间10年及以上。

二、申报材料

（十）因《工程勘察资质标准》未修订，除本实施意见另有规定外，工程勘察资质的有关申报材料要求仍按建办市函〔2006〕274号文办理。

（十一）首次申请工程设计资质，需提交以下材料：

1. 工程设计资质申请表及电子文档（见附件1）；
2. 企业法人、合伙企业营业执照副本复印件；
3. 企业章程或合伙人协议文本复印件；
4. 企业法定代表人、合伙人的身份证明复印件；
5. 企业负责人、主要技术负责人或总工程师的身份证明、任职文件、毕业证书、职称证书等复印件，主要技术负责人或总工程师提供"专业技术人员基本情况及业绩表"；

6. 工程设计资质申请表中所列注册执业人员的身份证明复印件、企业注册所在地省级注册管理部门盖章的注册变更表或初始注册表；

7. 工程设计资质标准要求的非注册专业技术人员的身份证明、职称证书、毕业证书等复印件，主导专业的非注册人员还需提供"专业技术人员基本情况及业绩表"；

8. 工程设计资质标准要求的主要专业技术人员（注册、非注册）与企业依法签订的劳动合同主要页（包括合同双方名称、聘用起止时间、签字盖章、生效日期）、与原聘用单位解除聘用劳动合同的证明或近一个月的社保证明复印件；其中，对军队或高校从事工程设计的事业编制的主要专业技术人员不需提供社保证明，但需提供所在单位上级人事主管部门的人事证明材料；

9. 办公场所证明，属于自有产权的出具产权证复印件；属于租用或借用的，出具出租（借）方产权证和双方租赁合同或借用协议的复印件。

（十二）申请工程设计资质升级，需提交以下材料：

1. 工程设计资质申请表及电子文档（见附件1）；

2. 企业法人、合伙企业营业执照副本复印件；

3. 原工程设计资质证书副本复印件；

4. 企业负责人、主要技术负责人或总工程师的身份证明、任职文件、毕业证书、职称证书等复印件，主要技术负责人或总工程师提供"专业技术人员基本情况及业绩表"；

5. 工程设计资质申请表中所列注册执业人员的身份证明复印件、加盖执业印章的注册证书复印件；

6. 工程设计资质标准要求的非注册专业技术人员的身份证明、职称证书、毕业证书等复印件，主导专业的非注册人员还需提供"专业技术人员基本情况及业绩表"；

7. 工程设计资质标准要求的非注册专业技术人员与企业依法签订的劳动合同主要页（包括合同双方名称、聘用起止时间、签字盖章、生效日期）及近一个月的社保证明复印件；其中，对军队或高校从事工程设计的事业编制的非注册专业技术人员不需提供社保证明，但需提供所在单位上级人事主管部门的人事证明材料；

8. 满足工程设计资质标准要求的企业业绩证明材料，包括：工程设计合同主要页的复印件；建设单位（业主）出具的工程竣工、移交、试运行证明文件，或工程竣工验收文件的复印件。

（十三）申请工程设计资质增项，需提交以下材料：

1. 工程设计资质申请表及电子文档（见附件1）；

2. 企业法人、合伙企业营业执照副本复印件；

3. 原工程设计资质证书副本复印件；

4. 企业负责人、主要技术负责人或总工程师的身份证明、任职文件、毕业证书、职称证书等复印件，主要技术负责人或总工程师提供"专业技术人员基本情况及业绩表"；

5. 工程设计资质申请表中所列注册执业人员的身份证明复印件、加盖执业印章的注册证书复印件；

6. 工程设计资质标准要求的非注册专业技术人员的身份证明、职称证书、毕业证书等复印件，主导专业的非注册人员还需提供"专业技术人员基本情况及业绩表"；

7. 工程设计资质标准要求的非注册专业技术人员与企业依法签订的劳动合同主要页（包括合同双方名称、聘用起止时间、签字盖章、生效日期）及近一个月的社保证明复印件；其中，对军队或高校从事工程设计的事业编制的非注册专业技术人员不需提供社保证明，但需提供所在单位上级主管部门人事部门的人事证明材料。

（十四）申请设计综合资质的，需提交以下材料：

1. 工程设计资质申请表及电子文档（见附件1）；
2. 企业法人营业执照副本复印件；
3. 企业法定代表人基本情况表、任职文件、身份证明复印件；
4. 企业主要技术负责人或总工程师的任职文件、毕业证书、职称证书或注册执业证书、身份证明等复印件及"专业技术人员基本情况及业绩表"；
5. 甲级工程设计资质证书正、副本复印件；
6. 大型建设项目工程设计合同，试运行或竣工验收证明复印件；
7. 企业相应年度合法的财务报表（资产负债表、损益表）复印件；
8. 注册执业人员的注册执业证书（加盖执业印章）、身份证明复印件；
9. 专业技术人员初级以上职称证书、身份证明复印件；
10. 工程勘察、工程设计、科技进步奖证书复印件；
11. 国家、行业工程建设标准、规范发布批准文件及出版物主要页（包括出版物名称、批准部门、主编或参编单位名称、出版社名称）复印件；
12. 专利证书、专有技术发布（批准）文件或工艺包认可、认定、鉴定证书复印件；
13. ISO 9001标准质量体系认证证书复印件；
14. 办公场所证明，属于自有产权的出具产权证复印件；属于租用或借用的，出具出租（借）方产权证和双方租赁合同或借用协议的复印件。

（十五）延续工程设计资质，需提交以下材料：

1. 工程设计资质申请表及电子文档（见附件1）；
2. 企业法人、合伙企业营业执照副本复印件；
3. 原工程设计资质证书副本复印件；
4. 工程设计资质申请表中所列注册执业人员的身份证明复印件、加盖执业印章的注册证书复印件；
5. 工程设计资质标准要求的非注册专业技术人员的身份证明、职称证书、毕业证书等复印件，主导专业的非注册人员还需提供"专业技术人员基本情况及业绩表"；
6. 工程设计资质标准要求的非注册专业技术人员近一个月的社保证明复印件；其中，对军队或高校从事工程设计的事业编制的非注册专业技术人员不需提供社保证明，但需提供所在单位上级主管部门人事部门的人事证明材料。

（十六）已具备施工资质的企业首次申请同类别或相近类别的工程勘察、工程设计资质的，其申报材料除应提供首次申请所列全部材料外，申请甲级勘察设计资质的，还应提供相应规模的工程勘察、设计业绩或工程总承包业绩证明材料，包括：工程勘察、工程设计或工程总承包合同主要页的复印件；建设单位（业主）出具的工程竣工、移交、试运行证明文件，或工程竣工验收文件的复印件。

（十七）企业因注册名称、净资产、法定代表人或执行合伙企业事务的合伙人、注册地址等发生变化需变更资质证书内容的，由企业提出变更理由及变更事项，并提交以下材料：

1. 企业出具由法定代表人、执行合伙企业事务的合伙人签署的资质证书变更申请；

2. 企业法人、合伙企业营业执照副本复印件；

3. 资质证书正、副本原件；

4. 建设工程企业资质证书变更审核表；

5. 与资质变更事项有关的证明材料：

（1）企业名称、净资产变更的，提供变更后的工商营业执照副本复印件；

（2）法定代表人或执行合伙企业事务的合伙人变更的，提供企业法定代表人或执行合伙企业事务的合伙人的身份证明；

（3）地址变更的提交新的办公场地的自有产权证明或租赁（借）合同和所租（借）场地的产权证明。

具有工程勘察甲级、工程设计甲级以及涉及铁路、交通、水利、信息产业、民航等方面的工程设计乙级资质的企业变更注册名称的，企业应向工商注册所在地的省级人民政府建设主管部门提出申请，由建设部负责办理。其他所有资质变更手续由企业工商注册所在地省级建设主管部门负责办理。但其中涉及企业资质证书编号发生变化的，省级人民政府建设主管部门需报建设部核准后，方可办理。

（十八）企业合并、分立、改制、重组后，需重新核定资质的，应提交下列材料：

1. 企业合并、分立、改制情况报告，包括新企业与原企业的产权关系、资本构成及资产负债情况，人员、内部组织机构的分立与合并、工程勘察设计业绩的分割、合并等情况；

2. 本实施意见第（十一）条所列的全部材料；

3. 原资质证书正、副本复印件；

4. 改制（重组）方案，上级行政主管部门及国有资产管理部门的批复文件，企业职工代表大会的决议，或股东（代表）大会、董事会的决议。

（十九）具有工程勘察甲级、工程设计甲级以及涉及铁路、交通、水利、信息产业、民航等方面的工程设计乙级资质的企业申请工商注册地跨省、自治区、直辖市变更，除提供本实施意见第（十一）条所列材料外，还应提交下列材料：

1. 企业原工商注册所在地省级建设主管部门同意资质变更的书面意见；

2. 资质变更前原企业工商注册登记注销证明及资质变更后新企业法人营业执照正本、副本复印件。

其中涉及到资质证书中企业名称变更的，省级人民政府建设主管部门应将受理的申请材料报建设部办理。

乙级及以下资质（涉及铁路、交通、水利、信息产业、民航等方面的工程设计乙级资质除外）的工程勘察设计企业申请工商注册地跨省、自治区、直辖市变更，由各省级人民政府建设主管部门参照上述程序依法制定。

（二十）材料要求

1. 申请设计综合资质的，申请表一式二份，附件材料一份；申请一个行业的设计资质，申请表一式二份，附件材料一份，每增加一个行业的设计资质，增加一份申请表和一份附件材料；涉及铁道、交通、水利、信息产业、民航等行业的，需另增加一份申请表和一份附件材料。专项设计资质申请表及附件材料份数要求同上。

2. 附件材料采用 A4 纸装订成册，并有目录和分类编号；技术人员证明材料应按人整理并依照申请表所列技术人员顺序装订。需要核实原件的，由资质受理部门进行审查核实，并在初审部门审查意见表中由核验人签字。其中资质证书正、副本须全部复印，不得有缺页。复印件应加盖企业公章，注册执业人员应加盖个人执业印章（非注册人员除外）。材料中要求加盖公章或印鉴的，复印无效。

3. 企业申请工程勘察设计资质要如实填报"工程勘察、工程设计资质申请表"，企业法定代表人须在申请表上签名，对其真实性负责。申报材料要清楚、齐全，出现数据不全、字迹潦草、印鉴不清、难以辨认的，资质受理部门可不予受理。

三、资质受理审查程序

（二十一）资质受理部门应在规定时限内对工程勘察、工程设计提出的资质申请做出是否受理的决定。

（二十二）依据新《规定》第八条，各有关资质初审部门应当对申请甲级资质以及涉及铁路、交通、水利、信息产业、民航等方面的工程设计乙级资质企业所提交的材料是否齐全、是否与原件相符、是否具有不良行为记录以及个人业绩材料等进行核查，提出初审意见并填写初审部门审查意见表。各有关资质初审部门应在规定初审时限内，将初审部门审查意见表、"工程勘察、工程设计资质申请表"、附件材料和报送公函一并报国务院建设主管部门。

对具有下列情况的申请人，不予受理资质申请材料：

1. 材料不齐全，或不符合法定形式的；
2. 按照新《规定》第十九条、第三十条、第三十一条规定，不予受理的。

国务院建设主管部门对收到各有关资质初审部门的初审材料、直接受理的企业资质申请材料组织审查或转国务院有关部门审核，并将审核意见予以公示。对于准予建设工程勘察、设计资质许可的申请，在建设部网站发布公告，并颁发资质证书。

（二十三）工程勘察设计企业应于资质证书有效期届满 60 日前，向原资质许可机关提出资质延续申请。逾期不申请资质延续的，有效期届满后，其资质证书自动失效。如需开展工程勘察设计业务，应按首次申请办理。

（二十四）对企业改制、分立、重组、合并设立的工程勘察设计企业，资质审批程序按以下规定执行：

1. 整体改制的企业，按本实施意见第（十七）条资质变更程序办理；
2. 重组、合并后的工程勘察设计企业可以承继重组、合并前各方中较高资质等级和范围。重组、合并后不涉及资质升级和增项的，按本实施意见第（十七）条资质变更程序办理；涉及资质升级或增项的，按照 160 号部令中的审批程序核定。
3. 企业分立成两个以上工程勘察设计企业时，分立后的企业应分别按其实际达到的资质条件重新核定资质。

（二十五）省级人民政府建设主管部门对负责实施审批的建设工程勘察、工程设计资质许可，其资质受理审批程序由各省级人民政府建设主管部门研究确定。

省级人民政府建设主管部门应当自决定之日起 30 日内，将准予资质许可的决定报国务院建设主管部门备案，备案材料包括：准予资质许可的批准文件，批准企业的工程勘察、工程设计资质基本信息的电子文档。

（二十六）国务院国资委管理的企业及其下属一层级的企业申请工程勘察甲级资质、工程设计甲级资质，以及涉及铁路、交通、水利、信息产业、民航等方面的工程设计乙级资质的，应向国务院建设主管部门提出申请。国务院国资委管理的企业及其下属一层级的企业按规定程序申请获得甲级资质或涉及铁路、交通、水利、信息产业、民航等方面的工程设计乙级资质证书后 30 日内应将准予许可的公告、资质证书正副本复印件及工程勘察、工程设计资质基本信息的电子文档，向其工商注册所在地省级人民政府建设主管部门告知性备案。

教育部直属高校所属勘察设计企业参考上述规定办理。

四、资质证书

（二十七）建设工程勘察、工程设计资质证书由国务院建设主管部门统一印制，统一管理，由审批部门负责颁发，并加盖审批部门公章。

国务院建设主管部门统一制定资质证书编号规则。

（二十八）各序列、各级别建设工程勘察、工程设计资质证书全国通用，各地不得以任何名义设置审批性准入条件、收取费用。

（二十九）建设工程勘察、工程设计资质证书有效期为五年。建设工程勘察、工程设计资质证书分为正本和副本。

（三十）企业需遗失补办工程勘察、工程设计资质证书的，应当持下列材料，经其资质初审机关签署意见，报资质许可机关办理。企业在申请补办前应在全国性建筑行业报刊或省级以上（含省级）综合类报刊上刊登遗失作废的声明。资质许可机关应当在 2 日内办理完毕。

1. 由企业法定代表人、执行合伙企业事务的合伙人签署的申请补办证书的申请；
2. "建设工程企业资质证书变更审核表"及电子文档；
3. 全国性建筑行业报刊或省级以上（含省级）综合类报刊上刊登遗失作废的声明。

五、监督管理

（三十一）地方各级建设主管部门和有关部门对本辖区内从事工程勘察、工程设计的企业资质实施动态监督管理。按照新《规定》对企业的市场行为以及满足相应资质标准条件等方面加强检查，并将检查和处理结果记入企业信用档案。

具体抽查企业的数量和比例由各级建设主管部门和有关部门根据实际情况研究决定。

监督检查可以采取下列形式：

1. 集中监督检查。由建设主管部门或有关部门统一部署的监督检查；
2. 抽查和巡查。各级建设主管部门或有关部门随机进行的监督检查。

（三十二）实施监督检查时应当按以下程序进行：

1. 制定监督检查方案，其中集中监督检查方案应予以公布；
2. 检查应出具相应的检查文件或证件；
3. 上级部门实施监督检查时，当地建设主管部门和有关部门应当配合；

4. 实施检查时，应首先明确监督检查内容，被检单位应如实提供相关文件资料；对弄虚作假的，予以通报，并对其工程勘察设计资质重新核定，不符合相应资质标准要求的，资质许可机关可以撤回其工程勘察设计资质；对拒不提供被检资料的，予以通报，并责令其限期提供被检资料；

5. 检查人员应当将检查情况予以记录，并由被检单位负责人和检查人员签字确认；

6. 在监督检查中发现被检单位专业技术人员达不到资质标准要求或者发现其他违法行为和重大质量安全问题的，应当进行核实，依法提出行政处理或者行政处罚的建议；

7. 检查人员应当将检查情况汇总，连同有关行政处理或者行政处罚建议，向派出机关报告，并书面告知当地建设行政主管部门。

（三十三）企业违法从事工程勘察、工程设计活动的，其违法行为发生地的建设主管部门应当依法将企业的违法事实、处理结果或处理建议告知该企业的资质许可机关，同时告知企业工商注册所在地建设主管部门。

六、关于《工程设计资质标准》的有关说明

（三十四）资历和信誉

1. 企业排名

综合资质中工程勘察设计营业收入、企业营业税金及附加排名，是指经建设部业务主管部门依据企业年度报表，对各申报企业同期的年度工程勘察设计营业收入或企业营业税金及附加额从大到小的顺序排名；年度勘察设计营业收入、企业营业税金及附加，其数额以财政主管部门认可的审计机构出具的申报企业同期年度审计报告为准。

2. 注册资本

新《标准》中的注册资本，是指企业办理工商注册登记时的实收资本。

（三十五）技术条件

1. 企业主要技术负责人

新《标准》中所称企业主要技术负责人，是指企业中对所申请行业的工程设计在技术上负总责的人员。

2. 专业技术负责人

新《标准》中所称专业技术负责人，是指企业中对某一设计类型中的某个专业工程设计负总责的人员。

3. 非注册人员

新《标准》中所称非注册人员是指：

（1）经考核认定或考试取得了某个专业注册工程师资格证书，但还没有启动该专业注册的人员；

（2）在本标准"专业设置"范围内还没有建立对应专业的注册工程师执业资格制度的专业技术人员；

（3）在本标准"专业设置"范围内，某专业已经实施注册了，但该专业不需要配备具有注册执业资格的人员，只配备对应该专业的技术人员；或配备一部分注册执业资格人员，一部分对应该专业的技术人员（例如，某行业"专业设置"中"建筑"专业的技术岗位设置了二列，其中"注册专业"为"建筑"的一列是对注册人员数量的考核，"注册专业"为空白的一列则是对"建筑"专业非注册技术人员数量的考核）。

4. 专业技术职称

新《标准》中所称专业技术职称，是指经国务院人事主管部门授权的部门、行业或中央企业、省级专业技术职称评审机构评审的工程系列专业技术职称。

具有教学、研究系列职称的人员从事工程设计时，讲师、助理研究员可等同于工程系列的中级职称；副教授、副研究员可等同于工程系列的高级职称；教授、研究员可等同于工程系列的正高级职称。

5. 专业设置

新《标准》"各行业工程设计主要专业技术人员配备表"专业设置栏目中的专业，是指为完成某工程设计所设置的专业技术岗位（以下简称岗位），其称谓即为岗位的称谓。

在新《标准》中，将高等教育所学的且能够直接胜任岗位工程设计的学历专业称为本专业，与本专业同属于一个高等教育工学学科（如地矿类、土建类、电气信息类、机械类等工学学科）中的某些专业称为相近专业。本专业、相近专业的具体范围另行规定。岗位对人员所学专业和技术职称的考核要求为：学历专业为本专业，职称证书专业范围与岗位称谓相符。

在确定主要专业技术人员为有效专业人员时，除具备有效劳动关系以外，主要专业技术人员中的非注册人员学历专业、职称证书的专业范围，应与岗位要求的本专业和称谓一致和相符。符合下列条件之一的，也可作为有效专业人员认定：

（1）学历专业与岗位要求的本专业不一致，职称证书专业范围与岗位称谓相符，个人资历和业绩符合资质标准对主导专业非注册人员的资历和业绩要求的；

（2）学历专业与岗位要求的本专业一致，职称证书专业范围空缺或与岗位称谓不相符，个人资历和业绩符合资质标准对主导专业非注册人员的资历和业绩要求的；

（3）学历专业为相近专业，职称证书专业范围与岗位称谓相近，个人资历和业绩符合资质标准对主导专业非注册人员的资历和业绩要求的；

（4）学历专业、职称证书专业范围均与岗位要求的不一致，但取得高等院校一年以上本专业学习结业证书，从事工程设计10年及以上，个人资历和业绩符合资质标准对主导专业非注册人员的资历和业绩要求的。

6. 个人业绩

企业主要技术负责人或总工程师的个人业绩是指，作为所申请行业某一个大型项目的工程设计的项目技术总负责人（设总）所完成的项目业绩；主导专业的非注册人员的个人业绩是指，作为所申请行业某个大、中型项目工程设计中某个专业的技术负责人所完成的业绩。

建筑、结构专业的非注册人员业绩，也可是作为所申请行业某个大、中型项目工程设计中建筑、结构专业的主要设计人所完成的业绩。

工程设计专项资质标准中的非注册人员，均须按新《标准》规定的对主导专业的非注册人员需考核业绩的要求，按相应专项资质标准对个人业绩规定的考核条件考核个人业绩。

7. 企业业绩

（1）申请乙级、丙级资质的，不考核企业的业绩；

(2) 申请乙级升甲级资质的，企业业绩应为其取得相应乙级资质后所完成的中型项目的业绩，其数量以甲级资质标准中中型项目考核指标为准；

(3) 除综合资质外，只设甲级资质的，企业申请该资质时不考核企业业绩；

(4) 以工程总承包业绩为企业业绩申请设计资质的，企业的有效业绩为工程总承包业绩中的工程设计业绩；

(5) 申请专项资质的，企业业绩应是独立签定专项工程设计合同的业绩。行业配套工程中符合专项工程设计规模标准，但未独立签定专项工程设计合同的业绩，不作为申请专项资质时的有效专项工程设计业绩。

8. 专有技术、工艺包（软件包）

本标准中的专有技术是指企业自主开发、申报，经所在行业的业务主管部门或所在行业的全国性专业社团组织等认定并对外发布的某项技术。本标准中的工艺包是指企业引进或自主开发的，用于工程设计关键技术或核心技术，经所在行业的业务主管部门或所在行业的全国性专业社团组织等认可的工艺包（软件包）。

9. 承担业务范围

取得工程设计综合资质的企业可以承担各行业的工程项目设计、工程项目管理和相关的技术、咨询与管理服务业务；其同时具有一级施工总承包（施工专业承包）资质的，可以自行承担相应类别工程项目的工程总承包业务（包括设计和施工）及相应的工程施工总承包（施工专业承包）业务；其不具有一级施工总承包（施工专业承包）资质的企业，可以承担该项目的工程总承包业务，但应将施工业务分包给具有相应施工资质的企业。

取得工程设计行业、专业、专项资质的企业可以承担资质证书许可范围内的工程项目设计、工程总承包、工程项目管理和相关的技术、咨询与管理业务。承担工程总承包业务时，应将工程施工业务分包给具有工程施工资质的企业。

（三十六）对于申请工程设计综合资质的，在已启动的工程勘察设计系列（造价系列）的注册专业数量未达到五个专业前，已启动注册工程师考试但未启动注册的专业可视为有效注册专业，已取得该专业执业资格证书的人员可视为有效注册人员。在申请资质时需提供这些人员的注册申请表或本人同意在该企业注册的声明、执业资格证书、劳动合同及身份证明复印件。

工程勘察设计系列（造价系列）的注册专业数量达到或超过五个专业后，申请工程设计综合资质时，需提供注册人员的注册执业证书、执业印章印鉴、身份证明复印件。

（三十七）工程设计综合资质标准中所称具有初级以上专业技术职称且从事工程设计的人员；行业、专业、专项资质标准中所称企业主要技术负责人或总工程师以及结构设计、机电设计事务所资质标准中的合伙人，年龄限制在60周岁及以下。

（三十八）新《标准》中的注册人员具有二个及以上注册执业资格，作为注册人员考核时只认定其一个专业的注册执业资格，其他注册执业资格不再作为相关专业的注册人员予以认定。

（三十九）持原《工程设计资质证书》的，其承接业务范围，以原《工程设计资质分级标准》（建设〔2001〕22号，以下简称原《标准》）规定的承接业务范围为准。持新《工程设计资质证书》的，其承接业务范围，以新《标准》规定的承接业务范围为准。

（四十）申请各专项资质的，企业主要技术负责人或总设计师、总工程师，以及主要专业技术人员中的非注册人员的资格条件以相应专项资质标准规定的考核条件为准。其中企业主要专业技术人员中的非注册人员的学历、职称条件在专项资质标准未作规定的，按大专以上学历、中级以上专业技术职称确定。

申请建筑工程设计丁级的，专业技术人员的学历和从业年限以建筑工程设计专业丁级资质标准规定的考核条件为准。

（四十一）对于新《标准》新设置的军工（地面设备工程、运载火箭制造工程、地面制导弹工程）、机械（金属制品业工程、热加工、表面处理、检测、物料搬运及仓储）、铁道（轨道）、水运（港口装卸工艺）、民航（供油工程）、水利（水土保持、水文设施）、农林（种植业工程）等工程设计专业资质和照明工程设计专项资质，在2009年3月31日以前，企业可根据实际达到的资质条件申请不同级别的资质。2009年4月1日以后，企业新申请以上类别工程设计专业或专项资质的最高等级为乙级（不设乙级的除外）。

七、过渡期有关规定（略）

附件1：工程勘察、工程设计资质申请表（略）

附件2："工程勘察、工程设计资质申请表"填表说明（略）

说明：

附件1"工程勘察、工程设计资质申请表"已经废止。分别被2013年1月21日建设部发布的《工程勘察资质标准》（建市〔2013〕9号）中的附件2《工程勘察资质申请表》和2013年8月1日住房城乡建设部发布的《工程设计资质申请表》（建市资函〔2013〕67号）所替代。

3. 住房城乡建设部关于印发《工程勘察资质标准》的通知

【发文信息】

1. 2013 年 1 月 21 日住房城乡建设部发布；

2. 建市〔2013〕9 号；

3. 自颁布之日起施行，原《工程勘察资质分级标准》（建设〔2001〕22 号）同时废止；

4. 根据 2016 年 6 月 16 日住房城乡建设部《关于建设工程企业资质管理资产考核有关问题的通知》（建市〔2016〕122 号）第一次修正；

5. 勘察资质丙级被 2021 年 6 月 3 日国务院发布的《国务院关于深化"证照分离"改革进一步激发市场主体发展活力的通知》（国发〔2021〕7 号）取消，涉及的相关内容供参考使用。

住房城乡建设部关于印发《工程勘察资质标准》的通知

建市〔2013〕9 号

各省、自治区住房和城乡建设厅，北京市规划委，天津、上海市建设交通委，重庆市城乡建设委，新疆生产建设兵团建设局，总后基建营房部工程局，国务院有关部门建设司，有关行业协会：

根据《建设工程勘察设计管理条例》和《建设工程勘察设计资质管理规定》，我部制定了《工程勘察资质标准》，现印发给你们，请遵照执行。原《工程勘察资质分级标准》（建设〔2001〕22 号）同时废止。执行中有何问题，请与我部建筑市场监管司联系。

中华人民共和国住房和城乡建设部
2013 年 1 月 21 日

工程勘察资质标准

根据《建设工程勘察设计管理条例》和《建设工程勘察设计资质管理规定》，制定本标准。

一、总则

（一）本标准包括工程勘察相应类型、主要专业技术人员配备、技术装备配备及规模划分等内容（见附件 1：工程勘察行业主要专业技术人员配备表；附件 2：工程勘察主要技术装备配备表；附件 3：工程勘察项目规模划分表）。

（二）工程勘察范围包括建设工程项目的岩土工程、水文地质勘察和工程测量。

（三）工程勘察资质分为三个类别：

1. 工程勘察综合资质

工程勘察综合资质是指包括全部工程勘察专业资质的工程勘察资质。

2. 工程勘察专业资质

工程勘察专业资质包括：岩土工程专业资质、水文地质勘察专业资质和工程测量专业资质。其中，岩土工程专业资质包括：岩土工程勘察、岩土工程设计、岩土工程物探测试检测监测等岩土工程（分项）专业资质。

3. 工程勘察劳务资质

工程勘察劳务资质包括：工程钻探和凿井。

（四）工程勘察综合资质只设甲级。岩土工程、岩土工程设计、岩土工程物探测试检测监测专业资质设甲、乙两个级别；岩土工程勘察、水文地质勘察、工程测量专业资质设甲、乙、丙三个级别。工程勘察劳务资质不分等级。

（五）本标准主要对企业资历和信誉、技术条件、技术装备及管理水平进行考核。其中技术条件中的主要专业技术人员的考核内容为：

1. 对注册土木工程师（岩土）或一级注册结构工程师的注册执业资格和业绩进行考核。

2. 对非注册的专业技术人员（以下简称非注册人员）的所学专业、技术职称，依据附件1专业设置中规定的专业进行考核。主导专业非注册人员需考核相应业绩，工程勘察主导专业见附件1。

（六）申请两个以上工程勘察专业资质时，应同时满足附件1中相应专业的专业设置和注册人员的配置，其相同专业的专业技术人员的数量以其中的高值为准。

（七）具有岩土工程专业资质，即可承担其资质范围内相应的岩土工程治理业务；具有岩土工程专业甲级资质或岩土工程勘察、设计、物探测试检测监测等三类（分项）专业资质中任一项甲级资质，即可承担其资质范围内相应的岩土工程咨询业务。

（八）本标准中所称主要专业技术人员，年龄限60周岁及以下。

二、标准

（一）工程勘察综合资质

1-1 资历和信誉

(1) 符合企业法人条件，具有10年及以上工程勘察资历。

(2) 净资产不少于1000万元人民币。

(3) 社会信誉良好，近3年未发生过一般及以上质量安全责任事故。

(4) 近5年内独立完成过的工程勘察项目应满足以下要求：岩土工程勘察、设计、物探测试检测监测甲级项目各不少于5项，水文地质勘察或工程测量甲级项目不少于5项，且质量合格。

1-2 技术条件

(1) 专业配备齐全、合理。主要专业技术人员数量不少于"工程勘察行业主要专业技术人员配备表"规定的人数。

(2) 企业主要技术负责人或总工程师应当具有大学本科以上学历、10年以上工程勘察经历，作为项目负责人主持过本专业工程勘察甲级项目不少于2项，具备注册土木工程师（岩土）执业资格或本专业高级专业技术职称。

（3）在"工程勘察行业主要专业技术人员配备表"规定的人员中，注册人员应作为专业技术负责人主持过所申请工程勘察类型乙级以上项目不少于2项；主导专业非注册人员中，每个主导专业至少有1人作为专业技术负责人主持过相应类型的工程勘察甲级项目不少于2项，其他非注册人员应作为专业技术负责人主持过相应类型的工程勘察乙级以上项目不少于3项，其中甲级项目不少于1项。

1-3 技术装备及管理水平

（1）有完善的技术装备，满足"工程勘察主要技术装备配备表"规定的要求。

（2）有满足工作需要的固定工作场所及室内试验场所，主要固定场所建筑面积不少于3000平方米。

（3）有完善的技术、经营、设备物资、人事、财务和档案管理制度，通过ISO 9001质量管理体系认证。

（二）工程勘察专业资质

1. 甲级

1-1 资历和信誉

（1）符合企业法人条件，具有5年及以上工程勘察资历。

（2）净资产不少于300万元人民币。

（3）社会信誉良好，近3年未发生过一般及以上质量安全责任事故。

（4）近5年内独立完成过的工程勘察项目应满足以下要求。

岩土工程专业资质：岩土工程勘察甲级项目不少于3项或乙级项目不少于5项、岩土工程设计甲级项目不少于2项或乙级项目不少于4项、岩土工程物探测试检测监测甲级项目不少于2项或乙级项目不少于4项，且质量合格。

岩土工程（分项）专业资质、水文地质勘察专业资质、工程测量专业资质：完成过所申请工程勘察专业类型甲级项目不少于3项或乙级项目不少于5项，且质量合格。

1-2 技术条件

（1）专业配备齐全、合理。主要专业技术人员数量不少于"工程勘察行业主要专业技术人员配备表"规定的人数。

（2）企业主要技术负责人或总工程师应当具有大学本科以上学历、10年以上工程勘察经历，作为项目负责人主持过本专业工程勘察甲级项目不少于2项，具备注册土木工程师（岩土）执业资格或本专业高级专业技术职称。

（3）在"工程勘察行业主要专业技术人员配备表"规定的人员中，注册人员应作为专业技术负责人主持过所申请工程勘察类型乙级以上项目不少于2项；主导专业非注册人员作为专业技术负责人主持过所申请工程勘察类型乙级以上项目不少于2项，其中，每个主导专业至少有1名专业技术人员作为专业技术负责人主持过所申请工程勘察类型甲级项目不少于2项。

1-3 技术装备及管理水平

（1）有完善的技术装备，满足"工程勘察主要技术装备配备表"规定的要求。

（2）有满足工作需要的固定工作场所及室内试验场所。

(3) 有完善的质量、安全管理体系和技术、经营、设备物资、人事、财务、档案等管理制度。

2．乙级

2-1 资历和信誉

(1) 符合企业法人条件。

(2) 社会信誉良好，净资产不少于150万元人民币。

2-2 技术条件

(1) 专业配备齐全、合理。主要专业技术人员数量不少于"工程勘察行业主要专业技术人员配备表"规定的人数。

(2) 企业主要技术负责人或总工程师应当具有大学本科以上学历、10年以上工程勘察经历，作为项目负责人主持过本专业工程勘察乙级项目不少于2项或甲级项目不少于1项，具备注册土木工程师（岩土）执业资格或本专业高级专业技术职称。

(3) 在"工程勘察行业主要专业技术人员配备表"规定的人员中，注册人员应作为专业技术负责人主持过所申请工程勘察类型乙级以上项目不少于2项；主导专业非注册人员作为专业技术负责人主持过所申请工程勘察类型乙级项目不少于2项或甲级项目不少于1项。

2-3 技术装备及管理水平

(1) 有与工程勘察项目相应的能满足要求的技术装备，满足"工程勘察主要技术装备配备表"规定的要求。

(2) 有满足工作需要的固定工作场所。

(3) 有较完善的质量、安全管理体系和技术、经营、设备物资、人事、财务、档案等管理制度。

3．丙级

3-1 资历和信誉

(1) 符合企业法人条件。

(2) 社会信誉良好，净资产不少于80万元人民币。

3-2 技术条件

(1) 专业配备齐全、合理。主要专业技术人员数量不少于"工程勘察行业主要专业技术人员配备表"规定的人数。

(2) 企业主要技术负责人或总工程师应当具有大专以上学历、10年以上工程勘察经历；作为项目负责人主持过本专业工程勘察类型的项目不少于2项，其中，乙级以上项目不少于1项；具备注册土木工程师（岩土）执业资格或中级以上专业技术职称。

(3) 在"工程勘察行业主要专业技术人员配备表"规定的人员中，主导专业非注册人员作为专业技术负责人主持过所申请工程勘察类型的项目不少于2项。

3-3 技术装备及管理水平

(1) 有与工程勘察项目相应的能满足要求的技术装备，满足"工程勘察主要技术装备配备表"规定的要求。

(2) 有满足工作需要的固定工作场所。

(3) 有较完善的质量、安全管理体系和技术、经营、设备物资、人事、财务、档案等管理制度。

（三）工程勘察劳务资质

1. 工程钻探

1-1 资历和信誉

（1）符合企业法人条件。

（2）社会信誉良好，净资产不少于50万元人民币。

1-2 技术条件

（1）企业主要技术负责人具有5年以上从事工程管理工作经历，并具有初级以上专业技术职称或高级工以上职业资格。

（2）具有经考核或培训合格的钻工、描述员、测量员、安全员等技术工人，工种齐全且不少于12人。

1-3 技术装备及管理水平

（1）有必要的技术装备，满足"工程勘察主要技术装备配备表"规定的要求。

（2）有满足工作需要的固定工作场所。

（3）质量、安全管理体系和技术、经营、设备物资、人事、财务、档案等管理制度健全。

2. 凿井

2-1 资历和信誉

（1）符合企业法人条件。

（2）社会信誉良好，净资产不少于50万元人民币。

2-2 技术条件

（1）企业主要技术负责人具有5年以上从事工程管理工作经历，并具有初级以上专业技术职称或高级工以上职业资格。

（2）具有经考核或培训合格的钻工、电焊工、电工、安全员等技术工人，工种齐全且不少于13人。

2-3 技术装备及管理水平

（1）有必要的技术装备，满足"工程勘察主要技术装备配备表"规定的要求。

（2）有满足工作需要的固定工作场所。

（3）质量、安全管理体系和技术、经营、设备物资、人事、财务、档案等管理制度健全。

三、承担业务范围

（一）工程勘察综合甲级资质

承担各类建设工程项目的岩土工程、水文地质勘察、工程测量业务（海洋工程勘察除外），其规模不受限制（岩土工程勘察丙级项目除外）。

（二）工程勘察专业资质

1. 甲级

承担本专业资质范围内各类建设工程项目的工程勘察业务，其规模不受限制。

2. 乙级

承担本专业资质范围内各类建设工程项目乙级及以下规模的工程勘察业务。

3. 丙级

承担本专业资质范围内各类建设工程项目丙级规模的工程勘察业务。

(三) 工程勘察劳务资质

承担相应的工程钻探、凿井等工程勘察劳务业务。

四、附则

(一) 本标准中对非注册专业技术人员的其他考核要求：

"工程勘察行业主要专业技术人员配备表"中的非注册人员，须具有大专以上学历、中级以上专业技术职称，并从事工程勘察实践8年以上；表中要求专业技术人员具有高级专业技术职称的，从其规定。

(二) 海洋工程勘察资质标准另行制定。

(三) 本标准自颁布之日起施行。

(四) 本标准由住房和城乡建设部负责解释。

附件1：工程勘察行业主要专业技术人员配备表

附件2：工程勘察主要技术装备配备表

附件3：工程勘察项目规模

附件1：

工程勘察行业主要专业技术人员配备表

工程勘察资质	工程勘察类型与等级		注册专业 土木(岩土)	非注册专业 (1)岩土工程勘察	(2)岩土工程设计	(3)水文地质	(4)工程测量	(5)工程物探	(6)岩土测试检测	(7)岩土监测	(8)室内试验	总计
综合资质	甲级		8(2)	3	3	8(5)	8(5)	2	2	3	3	40
专业资质	岩土工程	甲级	5(2)	3	2	2	2	2	2	2	2	22
		乙级	2	3	2	1	1	1	1	1		12
	岩土工程（分项） 岩土工程勘察	甲级	3	3		1	1	1	1		2	12
		乙级	2	3					1			6
		丙级		5(1)								5
	岩土工程设计	甲级	5(2)		2		2					9
		乙级	2		2	1						5
	岩土工程物探测试检测监测	甲级	2				2	2	2	2		10
		乙级	1				1	1	1	1		5
	水文地质勘察	甲级				7(3)		2				9
		乙级				5(2)		1				6
		丙级				5(1)						5
	工程测量	甲级					8(3)					8
		乙级					6(2)					6
		丙级					5(1)					5

注：1. 主导专业规定如下：岩土工程为（1）、（2）、（5）、（6）、（7），其中岩土工程勘察为（1），岩土工程设计为（2），岩土工程物探测试检测监测为（5）、（6）、（7）；水文地质勘察为（3）；工程测量为（4）。各专业资质中的主导专业均为综合资质的主导专业。

2. 注册专业中的专业人员配备数量后括号中的数字，为可由一级注册结构工程师替代的最高数值；非注册专业中的专业人员配备数量后括号中的数字，为对其具有高级及以上专业技术职称人员数量的要求。

附件 2-1：

工程勘察主要技术装备配备表

工程勘察资质类型与等级		主要技术装备
综合资质	甲级	1. 室内试验设备至少须满足下列两种技术装备配备要求之一： （1）高压固结仪 10 台（20 个通道或压力容器），中低压固结仪 20 台（40 个通道或压力容器），三轴仪 3 台，渗透仪 2 台，四联直剪仪、无侧限压缩仪各 1 台； （2）万能材料试验机或压力试验机 1 台，岩石三轴仪、岩石点荷载仪试验设备、磨石机各 1 台。 2. 原位测试设备任选 3 类：载荷试验设备、旁压设备、静力触探设备、扁铲、现场剪切设备各 1 套。 3. 物探测试检测设备任选 5 类：电法仪、面波仪、地震仪、工程检测仪（波速检测仪）、声波测井仪、探地雷达、桩基动测仪、地下管线探测仪各 1 套。 4. 全站仪 10 台（其中 1 秒级精度及以上不少于 1 台，2 秒级精度及以上不少于 4 台），S3 级精度以上水准仪 6 台（其中 S1 级精度及以上不少于 1 台），5mm＋1/1000000 精度及以上 GNSS 接收机 6 台套。
专业资质	岩土工程 甲级	1. 室内试验设备至少须满足下列两种技术装备配备要求之一： （1）高压固结仪 5 台（10 个通道或压力容器）、中低压固结仪 20 台（40 个通道或压力容器）、三轴仪、渗透仪、四联直剪仪、无侧限压缩仪各 1 台； （2）万能材料试验机或压力试验机 1 台，岩石三轴仪、岩石点荷载仪试验设备、磨石机各 1 台。 2. 原位测试设备任选 3 类：载荷试验设备、旁压设备、静力触探设备、扁铲、现场剪切设备各 1 套。 3. 物探测试检测设备任选 5 类：电法仪、面波仪、地震仪、工程检测仪（波速检测仪）、声波测井仪、探地雷达、桩基动测仪、地下管线探测仪各 1 套。 4. 5 秒级精度及以上全站仪 3 台，S3 级精度及以上水准仪 2 台。
专业资质	岩土工程 乙级	1. 室内试验设备至少须满足下列两种技术装备配备要求之一： （1）高压固结仪 3 台（6 个通道或压力容器），中低压固结仪 10 台（20 个通道或压力容器），三轴仪、渗透仪、四联直剪仪、无侧限压缩仪各 1 台； （2）万能材料试验机或压力试验机 1 台，岩石三轴仪、岩石点荷载仪试验设备、磨石机各 1 台。 2. 原位测试设备任选 2 类：载荷试验设备、旁压设备、静力触探设备、扁铲、现场剪切设备各 1 套。 3. 物探测试检测设备任选 3 类：电法仪、面波仪、地震仪、工程检测仪（波速检测仪）、声波测井仪、探地雷达、桩基动测仪、地下管线探测仪各 1 套。 4. 5 秒级精度及以上全站仪 1 台，S3 级精度及以上水准仪 1 台。 注：上述第 1、2、3 款要求的技术装备可由依法约定的协作单位提供。

附件 2-2：

工程勘察主要技术装备配备表

工程勘察资质类型与等级			主要技术装备
岩土工程（分项）专业资质	岩土工程勘察	甲级	1. 室内试验设备至少须满足下列两种技术装备配备要求之一： （1）高压固结仪 5 台（10 个通道或压力容器），中低压固结仪 20 台（40 个通道或压力容器），三轴仪、渗透仪、四联直剪仪、无侧限压缩仪各 1 台； （2）万能材料试验机或压力试验机 1 台，岩石三轴仪、岩石点荷载仪试验设备、磨石机各 1 台。 2. 原位测试设备任选 3 类：载荷试验设备、旁压设备、静力触探设备、扁铲、现场剪切设备各 1 套。 3. 物探测试检测设备任选 3 类：电法仪、面波仪、地震仪、工程检测仪（波速检测仪）、声波测井仪、探地雷达、桩基动测仪、地下管线探测仪各 1 套。 4. 5 秒级精度及以上全站仪 3 台，S3 级精度及以上水准仪 2 台。
		乙级	1. 室内试验设备至少须满足下列两种技术装备配备要求之一： （1）高压固结仪 3 台（6 个通道或压力容器），中低压固结仪 10 台（20 个通道或压力容器），三轴仪、渗透仪、四联直剪仪、无侧限压缩仪各 1 台； （2）万能材料试验机或压力试验机 1 台，岩石三轴仪、岩石点荷载仪试验设备、磨石机各 1 台。 2. 原位测试设备任选 2 类：载荷试验设备、旁压设备、静力触探设备、扁铲、现场剪切设备各 1 套。 3. 物探测试检测设备任选 3 类：电法仪、面波仪、地震仪、工程检测仪（波速检测仪）、声波测井仪、探地雷达、桩基动测仪、地下管线探测仪各 1 套。 4. 5 秒级精度及以上全站仪 1 台，S3 级精度及以上水准仪 1 台。 注：上述第 1、2、3 款要求的技术装备可由依法约定的协作单位提供。
		丙级	1. 室内试验设备至少须满足下列两种技术装备配备要求之一： （1）高压固结仪 3 台（6 个通道或压力容器），中低压固结仪 10 台（20 个通道或压力容器），三轴仪、渗透仪、四联直剪仪、无侧限压缩仪各 1 台； （2）万能材料试验机或压力试验机 1 台，岩石三轴仪、岩石点荷载仪试验设备、磨石机各 1 台。 2. 原位测试设备任选 2 类：载荷试验设备、旁压设备、静力触探设备、扁铲、现场剪切设备各 1 套。 3. 物探测试检测设备任选 3 类：电法仪、面波仪、地震仪、工程检测仪（波速检测仪）、声波测井仪、探地雷达、桩基动测仪、地下管线探测仪各 1 套。 4. 5 秒级精度及以上全站仪、S3 级精度及以上水准仪各 1 台。 注：上述第 1、2、3 款要求的技术装备可由依法约定的协作单位提供。

附件 2-3：

工程勘察主要技术装备配备表

工程勘察资质类型与等级			主要技术装备
岩土工程（分项）专业资质	岩土工程设计	甲级	正版岩土工程设计软件不少于 3 种。
		乙级	正版岩土工程设计软件不少于 1 种。
	岩土工程物探测试检测监测	甲级	1. 物探测试检测设备任选 6 类：电法仪、面波仪、地震仪、工程检测仪（波速检测仪）、声波测井仪、探地雷达、桩基动测仪、地下管线探测仪、载荷试验设备各 1 套。 2. 全站仪 5 台（其中 1 秒级精度及以上不少于 1 台，2 秒级精度及以上不少于 3 台）、S3 级精度及以上水准仪 3 台（其中 S1 精度及以上不少于 1 台）。
		乙级	1. 物探测试检测设备任选 5 类：电法仪、面波仪、地震仪、工程检测仪（波速检测仪）、声波测井仪、探地雷达、桩基动测仪、地下管线探测仪、载荷试验设备各 1 套。 2. 全站仪 3 台（其中 2 秒级精度及以上不少于 1 台），S3 级精度及以上水准仪 2 台。
专业资质	水文地质	甲级	1. 电法仪、抽水试验设备各 3 套。 2. 5 秒级精度及以上全站仪 2 台、S3 级精度及以上水准仪 1 台。
		乙级	1. 电法仪、抽水试验设备各 2 套。 2. 5 秒级精度及以上全站仪 1 台、S3 级精度及以上水准仪 1 台。
		丙级	1. 电法仪、抽水试验设备各 1 套。 2. 5 秒级精度及以上全站仪、S3 级精度及以上水准仪各 1 台。
	工程测量	甲级	全站仪 10 台（其中 1 秒级精度及以上不少于 1 台，2 秒级精度及以上不少于 4 台），S3 级精度及以上水准仪 6 台（其中 S1 精度及以上不少于 1 台），5mm＋1/1000000 精度及以上 GNSS 接收机 6 台套。
		乙级	全站仪 5 台（其中 1 秒级精度及以上不少于 1 台，2 秒级精度及以上不少于 2 台），S3 级精度及以上水准仪 3 台，5mm＋1/1000000 精度及以上 GNSS 接收机 4 台套。
		丙级	全站仪 3 台（其中 2 秒级精度及以上不少于 1 台），S3 级精度及以上水准仪 2 台，5mm＋1/1000000 精度及以上 GNSS 接收机 3 台套。
劳务资质	工程钻探		钻机 6 台（标准贯入、动力触探设备相应配套）。
	凿井		水文钻机 5 台、抽水试验设备不少于 3 套（空压机、深井泵等）。

注：申请两个以上资质时，相同技术装备数量取高值。

附件 3-1：

工程勘察项目规模划分表

序号	项目名称		项目规模		
			甲级	乙级	丙级
1	岩土工程	岩土工程勘察	1. 国家重点项目的岩土工程勘察。 2. 按《岩土工程勘察规范》（GB 50021），岩土工程勘察等级为甲级的工程。 3. 下列工程项目的岩土工程勘察： （1）按《建筑地基基础设计规范》（GB 50007）地基基础设计等级为甲级的工程项目； （2）需要采取特别处理措施的极软弱的或非均质地层，极不稳定的地基；建于严重不良的特殊性岩土上的大、中型项目； （3）有强烈地下水运动干扰、有特殊要求或安全等级为一级的深基坑开挖工程，有特殊工艺要求的超精密设备基础工程，大型深埋过江（河）地下管线、涵洞等深埋处理工程，核废料深埋处理工程，高度≥100m的高耸构筑物基础，房屋建筑和市政工程中边坡高度≥15m的岩质边坡工程和高度≥10m的土质边坡工程，其他工程中高度≥30m的岩质边坡工程和高度≥15m的土质边坡工程，特大桥、大桥、大型立交桥（含跨海大桥），大型竖井、巷道、平洞、隧道，地铁、城市轻轨和城市隧道，大型地下洞室、地下储库工程，超重型设备，大型基础托换、基础补强工程，Ⅰ级垃圾填埋场，一、二级工业废渣堆场； （4）大深沉井、沉箱，安全等级为一级的桩基、墩基，特大型、大型桥梁基础，架空索道基础； （5）其他工程设计规模为特大型、大型的建设项目。	1. 按《岩土工程勘察规范》（GB 50021）岩土工程勘察等级为乙级的工程项目； 2. 下列工程项目的岩土工程勘察： （1）按《建筑地基基础设计规范》（GB 50007）地基基础设计等级为乙级的工程项目； （2）中型深埋过江（河）地下管线、涵洞等深埋处理工程，高度＜100m的高耸构筑物基础，房屋建筑和市政工程中边坡高度＜15m的岩质边坡工程和高度＜10m的土质边坡工程，其他工程中边坡高度＜30m的岩质边坡工程和高度＜15m的土质边坡工程，中桥、中型立交桥，中型竖井、巷道、平洞、隧道，中型地下洞室、地下储库工程，中型基础托换、基础补强工程，Ⅱ级垃圾填埋场，三级工业废渣堆场； （3）中型沉井、沉箱，安全等级为二级的桩基、墩基，中型桥梁基础； （4）其他工程设计规模为中型的建设项目。	1. 按《岩土工程勘察规范》（GB 50021）岩土工程勘察等级为丙级的工程。 2. 下列工程项目的岩土工程勘察： （1）按《建筑地基基础设计规范》（GB 50007）地基基础设计等级为丙级的工程项目； （2）小桥、涵洞，安全等级为三级的桩基、墩基、Ⅲ级垃圾填埋场，四、五级工业废渣堆场； （3）其他工程设计规模为小型的建设项目。

附件 3-2：

工程勘察项目规模划分表

序号	项目名称		项目规模		
			甲级	乙级	丙级
1	岩土工程	岩土工程设计	1. 国家重点项目的岩土工程设计。 2. 安全等级为一、二级的基坑工程，安全等级为一、二级的边坡工程。 3. 一般土层处理后地基承载力达到300kPa及以上的地基处理设计，特殊性岩土作为中型及以上建筑物的地基持力层的地基处理设计。 4. 不良地质作用和地质灾害的治理设计。 5. 复杂程度按有关规范规程划分为中等以上或复杂工程项目的岩土工程设计。 6. 建（构）筑物纠偏设计及基础托换设计，建（构）筑物沉降控制设计。 7. 填海工程的岩土工程设计。 8. 其他勘察等级为甲、乙级工程的岩土工程设计。	1. 安全等级为三级的基坑工程，安全等级为三级的边坡工程。 2. 一般土层处理后地基承载力300kPa以下的地基处理设计，特殊性岩土作为小型建筑物地基持力层的地基处理设计。 3. 复杂程度按有关规范规程划分为简单工程项目的岩土工程设计。 4. 其他勘察等级为丙级工程的岩土工程设计。	

附件 3-3：

工程勘察项目规模划分表

序号	项目名称		项目规模		
			甲级	乙级	丙级
1	岩土工程	岩土工程物探测试检测监测	1. 国家重点项目和有特殊要求的岩土工程物探、测试、检测、监测。 2. 大型跨江、跨海桥梁桥址的工程物探，桥桩基测试、检测，岩溶地区、水域工程物探，复杂地质和地形条件下探查地下目的物的深度和精度要求较高的工程物探。 3. 地铁、轻轨、隧道工程、水利水电工程和高速公路工程的岩土工程物探、测试、检测、监测。 4. 安全等级为一级的基坑工程、边坡工程的监测。 5. 建筑物纠偏、加固工程中的岩土工程监测，重特大抢险工程的岩土工程监测。 6. 一般土层处理后，地基承载力达到300kPa及以上的地基处理监测，单桩最大加载在10000kN及以上的桩基检测。 7. 按《岩土工程勘察规范》（GB 50021）岩土工程勘察等级为甲级的工程项目涉及的波速测试、地脉动测试。 8. 块体基础振动测试。	1. 安全等级为二、三级的基坑工程、边坡工程的监测。 2. 一般土层处理后，地基承载力300kPa以下的地基处理检测，单桩最大加载在10000kN以下的桩基检测。 3. 独立的岩土工程物探、测试、检测项目，无特殊要求的岩土工程监测项目。 4. 按《岩土工程勘察规范》（GB 50021）岩土工程勘察等级为乙级及以下的工程项目涉及的波速测试、地脉动测试。	

附件 3-4：

工程勘察项目规模划分表

序号	项目名称	项目规模		
		甲级	乙级	丙级
2	水文地质勘察	1. 国家重点项目、国外投资或中外合资项目的水源勘察和评价。 2. 大、中城市规划和大型企业选址的供水水源可行性研究及水资源评价。 3. 供水量 10000m³/d 及以上的水源工程勘察和评价。 4. 水文地质条件复杂的水资源勘察和评价。 5. 干旱地区、贫水地区、未开发地区水资源评价。 6. 设计规模为大型的建设项目水文地质勘察。 7. 按照《建筑与市政降水工程技术规范》（JGJ/T 111）复杂程度为复杂的降水工程或同等复杂的止水工程。	1. 小城市规划和中、小型企业选址的供水水源可行性研究及水资源评价。 2. 供水量 2000m³/d～10000m³/d 的水源勘察及评价。 3. 水文地质条件中等复杂的水资源勘察和评价。 4. 设计规模为中型的建设项目水文地质勘察。 5. 按照《建筑与市政降水工程技术规范》（JGJ/T 111）复杂程度为中等及以下的降水工程或同等复杂的止水工程。	1. 水文地质条件简单，供水量 2000m³/d 及以下的水源勘察和评价。 2. 设计规模为小型的建设项目的水文地质勘察。

附件 3-5：

工程勘察项目规模划分表

序号	项目名称	项目规模		
		甲级	乙级	丙级
3	工程测量	1. 国家重点项目的首级控制测量、变形与形变及监测。 2. 三等及以上 GNSS 控制测量，四等及以上导线测量，二等及以上水准测量。 3. 大、中城市规划定测量线、拨地。 4. 20km² 及以上的大比例尺地形图地形测量。 5. 国家大型、重点、特殊项目精密工程测量。 6. 20km 及以上的线路工程测量。 7. 总长度 20km 及以上综合地下管线测量。 8. 以下工程的变形与形变测量：地基基础设计等级为甲级的建筑变形，重要古建筑变形，大型市政桥梁变形，重要管线变形，场地滑坡变形。 9. 大中型、重点、特殊水利水电工程测量。 10. 地铁、轻轨隧道工程测量。	1. 四等 GNSS 控制测量，一、二级导线测量，三、四等水准测量。 2. 小城镇规划定测量线、拨地。 3. 10－20km² 的大比例尺地形图地形测量。 4. 一般工程的精密工程测量。 5. 5－20km 的线路工程测量。 6. 总长度 20km 以下综合地下管线测量。 7. 以下工程的变形与形变测量：地基基础设计等级为乙、丙级的建筑变形，地表、道路沉降，中小型市政桥梁变形，一般管线变形。 8. 小型水利水电工程测量。	1. 一级、二级 GNSS 控制测量，三级导线测量，五等水准测量。 2. 10km² 及以下大比例尺地形图地形测量。 3. 5km 及以下线路工程测量。 4. 长度不超过 5km 的单一地下管线测量。 5. 水域测量或水利、水电局部工程测量。 6. 其他小型工程或面积较小的施工放样等。

4. 住房城乡建设部关于印发《工程勘察资质标准实施办法》的通知

【发文信息】

1.2013 年 6 月 7 日住房城乡建设部发布；

2.建市〔2013〕86 号；

3.勘察资质丙级被 2021 年 6 月 3 日国务院发布的《国务院关于深化"证照分离"改革进一步激发市场主体发展活力的通知》（国发〔2021〕7 号）取消，涉及的相关内容供参考使用。

住房城乡建设部关于印发《工程勘察资质标准实施办法》的通知

建市〔2013〕86 号

各省、自治区住房城乡建设厅，北京市规划委，天津、上海市建设交通委，重庆市城乡建设委，新疆生产建设兵团建设局，总后基建营房部工程局，国务院有关部门建设司，有关行业协会：

根据《建设工程勘察设计资质管理规定》（建设部令第 160 号）、《建设工程勘察设计资质管理规定实施意见》（建市〔2007〕202 号）和《工程勘察资质标准》（建市〔2013〕9 号），我部组织制定了《工程勘察资质标准实施办法》，现印发给你们，请遵照执行。执行中有何问题，请与我部建筑市场监管司联系。

中华人民共和国住房和城乡建设部
2013 年 6 月 7 日

工程勘察资质标准实施办法

为实施《工程勘察资质标准》（建市〔2013〕9 号，以下简称新《标准》），制定本实施办法。

一、资质申请条件和审批程序

（一）建设工程勘察资质申请条件和审批程序按照《建设工程勘察设计资质管理规定》（建设部令第 160 号）和《建设工程勘察设计资质管理规定实施意见》（建市〔2007〕202 号）有关规定执行。

（二）申请工程勘察综合资质，须具有岩土工程专业甲级资质，及水文地质勘察专业甲级资质或工程测量专业甲级资质。

工程勘察综合资质涵盖所有专业类别，取得工程勘察综合资质的企业，不需单独申请工程勘察专业资质。

岩土工程专业资质涵盖岩土工程勘察、岩土工程设计、岩土工程物探测试检测监测三类岩土工程（分项）专业资质，取得岩土工程专业资质的企业，不需单独申请同级别及以下级别岩土工程（分项）专业资质。

二、新《标准》有关内容解释

（三）主要专业技术人员

新《标准》中所称主要专业技术人员是指下列人员：

1. 注册人员

注册人员是指参加中华人民共和国统一考试或考核认定，取得执业资格证书，并按照规定注册，取得注册证书和执业印章的人员。包括：注册土木工程师（岩土）、一级注册结构工程师。

2. 非注册人员

非注册人员是指按照"工程勘察行业主要专业技术人员配备表"要求，不考核其是否具备注册执业资格的人员。注册人员作为非注册人员申报时，可提供注册证书认定其专业，其学历水平、职称等级、从业经历、个人业绩等条件仍需按新《标准》有关要求考核。

（四）企业主要技术负责人（或总工程师）

新《标准》中所称企业主要技术负责人（或总工程师），是指企业中对工程勘察业务在技术上负总责的人员。

（五）专业技术负责人

新《标准》中所称专业技术负责人，是指企业中对某一工程勘察项目中的某个专业在技术上负总责的人员。

（六）学历

新《标准》中所称学历，是指国务院教育主管部门认可的高等教育学历。

（七）专业技术职称

1. 新《标准》中所称专业技术职称，是指经国务院人事主管部门授权的部门、行业、中央企业颁发的，或者省级人事主管部门颁发（或授权颁发）的工程系列专业技术职称。

2. 具有教学、研究系列职称的人员从事工程勘察时，讲师、助理研究员可按工程系列中级职称考核；副教授、教授、副研究员、研究员可按工程系列高级职称考核。

（八）专业设置

1. 新《标准》"工程勘察行业主要专业技术人员配备表"的专业设置，是指为完成工程勘察项目所设置的专业技术岗位（以下简称"岗位"）。

2. 非注册人员的学历专业、职称证书专业范围应满足岗位要求，符合下列条件之一的，可作为有效专业人员认定：

（1）学历专业与岗位要求的专业不一致，职称证书专业范围与岗位要求的专业一致，个人资历和业绩符合资质标准对主导专业非注册人员资历和业绩要求的；

（2）学历专业与岗位要求的专业一致，职称证书专业范围空缺或与岗位要求的专业不一致，个人资历和业绩符合资质标准对主导专业非注册人员资历和业绩要求的；

（3）学历专业、职称证书专业范围均与岗位要求的专业不一致，但取得高等院校一年以上本专业学习结业证书，从事工程勘察 10 年以上，个人资历和业绩符合资质标准对主导专业非注册人员资历和业绩要求的。

（九）企业业绩

1. 新《标准》中要求的企业业绩应为独立完成的非涉密工程勘察项目业绩。

2. 申请工程勘察综合资质、专业甲级资质的，须考核企业业绩；申请工程勘察乙级、丙级资质的，不考核企业业绩。

（十）个人业绩

1. 新《标准》中要求的个人业绩应为近 5 年完成的非涉密工程勘察项目业绩。

2. 主要技术负责人（或总工程师）个人业绩应为所申请工程勘察类型项目业绩；申请综合资质或两个及以上工程勘察专业资质时，主要技术负责人（或总工程师）业绩可为其中某一工程勘察类型项目业绩。

3. 主导专业非注册人员业绩，应为该专业独立项目业绩。如，申请工程勘察综合资质时，工程物探专业技术人员业绩应为工程物探项目业绩。

4. 申请工程勘察综合资质、岩土工程专业资质时，注册人员业绩总和应涵盖所有岩土工程（分项）专业资质业绩类型。

（十一）申请工程勘察资质时，每个专业技术人员只可作为 1 个专业技术岗位人员申报。

（十二）新《标准》及本《实施办法》中所称近 5 年，是指自申报年度起逆推 5 年。如：申报年度为 2013 年，则近 5 年业绩年限从 2008 年 1 月 1 日算起。

（十三）新《标准》中所称主要专业技术人员（包括企业主要技术负责人或总工程师、注册人员、非注册人员）和技术工人，年龄限 60 周岁及以下。

（十四）具有工程勘察综合资质、专业资质企业从事工程钻探、凿井业务时，须取得相应工程勘察劳务资质。

（十五）工程勘察项目中的工程钻探、凿井业务需要分包时，应由承揽该工程勘察项目的工程勘察综合资质、专业资质企业与具有相应资质的工程勘察劳务企业依法签订劳务分包合同；工程勘察综合资质、专业资质企业对整个工程勘察项目负总责。

（十六）工程勘察企业从事地基与基础施工业务时，需取得相应施工资质。

三、申报有关要求

（十七）企业不具有工程勘察资质，申请勘察资质的，按首次申请要求提交材料（材料要求见《工程勘察资质申报材料清单》，下同）。

（十八）下列情形按增项要求提交材料：

1. 具有工程勘察专业资质，申请增加其他工程勘察专业资质的。

2. 具有岩土工程（分项）专业乙级资质，申请岩土工程专业乙级资质的。

（十九）下列情形按升级要求提交材料：

1. 申请工程勘察综合资质的。

2. 具有工程勘察丙、乙级资质，申请对应的乙、甲级资质的。

3. 具有三项岩土工程（分项）专业乙级及以上资质，申请岩土工程专业甲级资质的。

（二十）企业资质证书有效期届满，申请资质证书有效期延续有关要求另行规定。

（二十一）企业在本省级行政区域内因企业名称、注册资本、法定代表人、注册地址（本省级区域内）等发生变化需变更资质证书内容的，按简单变更要求提交材料。

简单变更办理程序和时限要求按照《关于建设部批准的建设工程企业办理资质证书变更和增补有关事项的通知》（建市函〔2005〕375号）相关规定执行。

（二十二）企业若发生合并、分立、改制、重组事项，须重新核定其工程勘察资质，按重新核定要求提交材料。其中，企业发生吸收合并、整体改制的按《工程勘察资质申报材料清单》中相应申请事项提交材料。

（二十三）企业工商注册地从一个省级行政区域变更至另一个省级行政区域的，按跨省变更要求提交材料。

甲级资质企业申请跨省变更的，应由迁入地省级住房城乡建设主管部门报国务院住房城乡建设主管部门。

乙级及以下资质、劳务资质企业申请跨省变更的，由迁入地省级住房城乡建设主管部门负责。

（二十四）申报材料说明及要求

1. 《工程勘察资质申请表》一式二份，附件材料一份。

2. 附件材料采用A4纸装订成册，并有目录和分类编号；技术人员证明材料应按人整理并依照申请表所列技术人员顺序装订。需要核实原件的，由资质受理部门进行审查核实，并在初审部门审查意见表中由核验人签字。其中，资质证书正、副本须全部复印，不得有缺页；复印件应加盖企业公章；材料中要求加盖公章或印鉴的，复印无效。

3. 企业申请工程勘察资质，要如实填报《工程勘察资质申请表》，企业法定代表人须在申请表上签名，对其真实性负责。申报材料要清楚、齐全，出现数据不全、字迹潦草、印鉴不清、难以辨认的，资质受理部门应当告知申请人补正。

4. 社保证明是指社会统筹保险基金管理部门出具的基本养老保险对账单或加盖社会统筹保险基金管理部门公章的单位缴费明细，以及企业缴费凭证（社保缴费发票或银行转账凭证、地方税务局出具的税收通用缴款书或完税证明）；社保证明应体现以下内容：缴纳保险单位名称、人员姓名、社会保障号（或身份证号）、险种、缴费期限、缴费基数等；个人缴纳社保不予认可。

5. 如实行资质电子申报，具体申报要求，另行制定。

四、过渡期有关规定

（二十五）自新《标准》颁布之日至2015年6月30日为过渡期。

（二十六）各地区、各部门按原《工程勘察资质分级标准》（建设〔2001〕22号，以下简称原《标准》）已经受理的申请材料报送国务院住房城乡建设主管部门的截止日期为2013年7月15日。

（二十七）过渡期内，首次申请、升级、增项工程勘察资质的，按新《标准》执行。持旧版《工程勘察资质证书》的企业，在满足原《标准》的条件下，资质证书继续有效，其承接业务范围以原《标准》规定的业务范围为准，自2015年7月1日起，旧版《工程勘察资质证书》作废。

（二十八）过渡期内，企业需延续工程勘察资质，或因合并、分立、改制、重组、跨省变更等原因重新核定资质的，符合原《标准》要求的颁发旧版《工程勘察资质证书》，有效期至 2015 年 6 月 30 日；符合新《标准》要求的颁发新版《工程勘察资质证书》，证书有效期为 5 年。

（二十九）持旧版《工程勘察资质证书》的企业须于 2015 年 1 月 31 日以前，按新《标准》提出资质换证申请，并按《工程勘察资质标准申报材料清单》中延续要求提交材料。

附件：1.《工程勘察资质申报材料清单》
   2.《工程勘察资质申请表》
   3.《专业技术人员基本情况及业绩表》
   4.《工程勘察企业业绩基本情况表》

附件1：工程勘察资质申报材料清单

序号	申报材料	申请事项							
		首次申请	升级	增项	重新核定	吸收合并（整体改制）	跨省变更	简单变更	劳务资质
1	《工程勘察资质申请表》	√	√	√	√	√	√		√
2	《建设工程企业资质证书变更审核表》					√		√	
3	企业法人营业执照正、副本复印件	√	√	√	√	√	√	√	√
4	原企业法人营业执照副本复印件					√	√	√	
5	原工程勘察资质证书正、副本复印件		√	√					
6	原工程勘察资质证书所有正、副本原件				√	√	√	√	
7	企业章程复印件	√			√	√	√	√	√
8	企业主要技术负责人或总工程师的身份证明、任职文件、毕业证书、职称证书复印件	√	√	√	√		√		
9	企业主要技术负责人的身份证明、任职文件、职称证书或高级工以上职业资格证书复印件								√
10	注册人员身份证明、执业资格证书复印件、企业注册所在地省级注册管理部门盖章的初始注册申请表或变更注册申请表	√			√		√		
11	非注册人员的身份证明、毕业证书、职称证书复印件	√	√	√	√		√		
12	企业主要技术负责人、注册人员、主导专业非注册人员的《专业技术人员基本情况及业绩表》（附件3）	√	√	√	√		√		
13	技术工人的身份证明、考核或培训合格证书复印件								√
14	主要专业技术人员、技术工人与申报企业依法签订的劳动合同主要页（包括合同双方名称、聘用起止时间、签字盖章、生效日期）	√	√	√	√		√		√

续表

序号	申报材料	申请事项							
		首次申请	升级	增项	重新核定	吸收合并（整体改制）	跨省变更	简单变更	劳务资质
15	主要专业技术人员、技术工人申报前近1个月的社保证明复印件	√			√		√		√
16	主要专业技术人员申报前近3个月的社保证明复印件		√	√					
17	办公场所及室内试验场所证明，属于自有产权的出具产权证复印件；属于租用或借用的，出具出租（借）方产权证和双方租赁合同或借用协议的复印件	√	*		√		√		√
18	主要技术装备购置发票复印件	√	√	√	√		√		√
19	加盖企业公章的质量、安全管理体系和技术、经营设备物资、人事、财务、档案等管理制度文件目录；若已通过相应质量、安全体系认证的，只需提供相关认证体系证书复印件（申请工程勘察综合资质须提供ISO9001质量管理体系认证证书的复印件）	√	*		√		√		√
20	企业业绩证明材料，包括：《工程勘察企业业绩基本情况表》（附件4）、工程勘察合同主要页的复印件、工程勘察质量合格证明文件（须经施工图审查的，提供施工图审查合格文件）		√						
21	企业原工商注册所在地省级住房城乡建设主管部门同意资质变更的书面意见						√		
22	企业合并、分立、改制（重组）方案和情况报告（包括新企业与原企业的产权关系、资本构成及资产负债情况，人员、内部组织机构的分立与合并、工程勘察业绩的分割、合并等情况），企业合并、分立、改制有关决议文件［股东（代表）大会、董事会决议，上级行政主管部门及国有资产管理部门的批复文件，企业职工代表大会决议］				√	√			

附件2：工程勘察资质申请表

工程勘察资质申请表

申报企业：××××××××××××××××（公章）

填报日期：××××年××月××日

填表须知

一、《工程勘察资质申请表》系申请工程勘察资质的专用表格。

二、本表要求用计算机打印，格式规范，不得涂改。

三、申请企业在申请工程勘察资质时需提交本表，为便于档案管理，申请企业所提交的申请表必须和标准申请表的规格一致，纸张应为 A4 纸。申请表应与附件材料分开，其他要求提交的材料统一收集在附件材料中。

四、申请企业应按要求逐项填报有关内容，需提交表中未列出的内容时，可在附件材料中说明。各页如纸张不够，可加附页。

五、申请企业填报材料必须真实，审查部门所做结论必须客观、明确，如有虚报、造假行为，一经查实，将按有关规定严肃处理。

初审部门审查意见表

企业名称				此次申请内容		
现有资质等级范围				首次申请□ 升级□ 增项□ 延续□ 重新核定□ 吸收合并□ 整体改制□ 跨省变更□ 其他□		
指标类别	序号	考核指标		审查标准	审查认定值	达标情况
综合指标	1	注册资本				
	2	机构章程		——————	——————	
	3	资质证书		——————	——————	
	4	办公场所或房屋租赁合同		——————	——————	
	5	其他（改制证明、设备等）				
人员指标	6	主要技术负责人或总工程师				
	7	主要专业技术人员				
业绩指标	8	工程业绩				
诚信记录	1	串通投标、弄虚作假、发生重大质量安全事故				
	2	违反国家工程建设强制性标准				
	3	超越资质等级承揽业务				
	4	其他违反法律、法规行为				

核验原件与复印件是否一致：是□ 否□　　　　　　　　核验人签字：

（此栏内应填写明确意见）

负 责 人（签字）：
初审部门（盖章）：

年　　月　　日

注：1. 初审部门印章应为本单位公章或行政许可专用章，内设机构印章无效；
　　2. 本表诚信记录涉及的纸质申报材料，经初审部门审查后，不再报住房城乡建设部，由初审部门在有效期内保管；综合、人员和业绩指标涉及的纸质申报材料初审后上报住房城乡建设部审查。

企业法定代表人声明

本人郑重声明：
本企业此次填报的《工程勘察资质申请表》及附件材料的全部数据、内容是真实的，同样我在此所做的声明也是真实有效的。我知道虚假的声明与资料是严重的违法行为，此次资质申请提供的资料如有虚假，本企业愿接受住房城乡建设主管部门及其他有关部门依法给予的处罚。

企业法定代表人：（签名）　　　　（公章）

年　月　日

申请情况

现有资质及取得时间	
此次申请内容	首次申请□　　升级□　　增项□　　延续□　　重新核定□ 吸收合并□　　整体改制□　　跨省变更□　　其他□ 工程勘察资质类别及等级 □综合资质 □专业资质： □岩土工程（分项）专业资质： □劳务资质： 　　　　　　　　　　　　　　　　法定代表人（签名）　　　　公章

（一）企业基本情况

企业名称						
法定代表人		职务				
总工程师		学历		职称		工程勘察工龄
		所学专业		执业资格		
通讯地址						
邮政编码			电话			
企业上级主管						
隶属关系 （国资委、地方、其他）						
最早成立时间		营业执照注册号			企业性质	
组织机构代码		资质证书编号			注册资本（万元）	
60岁及以下工程勘察专业技术人员、技术工人情况	人员总数： 人					
	其中：	1. 注册人员： 人				
		2. 高级专业技术职称： 人				
		3. 中级专业技术职称： 人				
		4. 初级专业技术职称： 人				
		5. 技术工人： 人				

注：本表有关人员情况的栏目均按企业实际人员情况填写。

二、企业主要技术负责人情况表

姓名	性别	年龄	学历	职称	所学专业	执业资格	工程勘察工龄	身份证号

注：本表中人员需提供《专业技术人员基本情况及业绩表》。

三、从事工程勘察注册人员情况一览表

序号	姓名	年龄	从事专业	注册专业及等级	注册证书号（执业印章号）	是否离退休	身份证号码	本人签名

注：1. 本表中的注册人员为与所申请工程勘察资质相关的人员，与所申请工程勘察资质无关的人员可不必填写；
  2. 本表按注册土木工程师（岩土）、一级注册结构工程师的顺序填写；
  3. 本表中人员需提供《专业技术人员基本情况及业绩表》。

四、从事工程勘察非注册专业技术人员情况一览表

序号	姓名	性别	年龄	职称	学历	所学专业	所在专业技术岗位	工程勘察工龄	身份证号码	本人签名
一	岩土工程或岩土工程（分项）									
主导专业										
非主导专业										
二	水文地质勘察									
主导专业										
非主导专业										
三	工程测量									
主导专业										
非主导专业										

注：1. 本表中的人员为与所申请工程勘察资质相关的人员，与所申请工程勘察资质无关的人员不必填写；
  2. 本表主要专业技术人员按照先主导专业后非主导专业顺序填写；
  3. 本表中主导专业非注册人员需提供《专业技术人员基本情况及业绩表》。

五、从事工程勘察专业技术工人情况一览表

序号	姓名	性别	年龄	所在专业技术岗位	身份证号码	本人签名

注：本表中的人员为与所请工程勘察资质相关的人员，与所申请工程勘察资质无关的人员不必填写。

六、企业业绩

序号	工程勘察类型	工程勘察项目名称	项目所在地	项目规模等级	项目规模指标	工作起止时间	建成时间	备注
一	岩土工程或岩土工程（分项）							
二	水文地质勘察							
三	工程测量							

注：1. 工程勘察资质标准中对企业业绩有考核要求的需填写此表；
　　2. 项目规模等级、项目规模指标按新《标准》附件3《工程勘察项目规模划分表》填写。

七、技术装备概况

序号	技术装备名称	型号规格	数量	性能用途	备注

八、主要专业技术人员业绩一览表

序号	姓名	项目名称	项目规模及技术指标	起止时间	本人在工程勘察中所起作用	完成项目的工程勘察企业及资质等级	工程项目所在地	完成工程项目勘察企业所属省市或部门
甲级项目								
乙级项目								
丙级项目								

注：1. 工程勘察资质标准中要求提供个人业绩的需填写此表；
    2. 本表中业绩应与"专业技术人员基本情况及业绩表"中填写内容一致。

九、企业简历

企业名称变化：

企业资质变化：

附件 3：专业技术人员基本情况及业绩表

专业技术人员基本情况及业绩表

企业名称：（盖章）
填表日期：

姓名		性别		出生年月	
身份证号		学历		所学专业	
所在专业技术岗位		技术职称		毕业院校及毕业时间	

工作简历			
起止时间	工作单位	所在专业技术岗位	证明人及电话

本人完成主要勘察项目概况					
序号	项目名称	项目规模等级及指标	起止时间	本人在工程勘察中所起作用	完成项目的工程勘察企业及资质等级	证明人及电话

本人承诺以上填写内容真实有效。我知道虚假的声明与资料是严重的违法行为，以上关于我本人的基本信息及其业绩如有虚假，本人愿接受住房城乡建设主管部门及其他有关部门依法给予的处罚。

本人签字：

注：申报企业必须对此材料真实性负责

附件 4：工程勘察企业业绩基本情况表

工程勘察企业业绩基本情况表

项目名称	项目地点	工程规模及复杂程度	工程勘察起止时间	主体工程勘察主要内容

注：申报企业必须对此材料真实性负责。

工程勘察企业名称（盖章）：

企业法定代表人或委托人签字： 　　联系人： 　　电话：

建设单位名称（盖章）：

建设单位法定代表人或委托人签字： 　　联系人： 　　电话：

5. 关于印发《工程设计资质标准》的通知

【发文信息】

1. 2007年3月29日建设部发布；
2. 建市〔2007〕86号；
3. 自颁布之日起施行，原《关于颁发工程勘察资质分级标准和工程设计资质分级标准的通知》（建设〔2001〕22号）中"工程设计资质分级标准"同时废止；
4. 根据2016年6月16日住房城乡建设部《关于建设工程企业资质管理资产考核有关问题的通知》（建市〔2016〕122号）第一次修正；
5. 民航行业工程设计资质标准（附件2-16、附件3-16、附件4-16）被2017年3月10日发布的《住房城乡建设部 民航局关于进一步开放民航工程设计市场的通知》（建市〔2017〕66号）替代；
6. 建筑工程设计事务所资质标准被2016年11月24日发布的《住房城乡建设部关于促进建筑工程设计事务所发展有关事项的通知》（建市〔2016〕261号）替代；
7. 设计资质丙级、丁级被2021年6月3日发布的《国务院关于深化"证照分离"改革进一步激发市场主体发展活力的通知》（国发〔2021〕7号）取消，涉及的相关内容供参考使用。

关于印发《工程设计资质标准》的通知

建市〔2007〕86号

各省、自治区建设厅，直辖市建委、北京市规委，国务院有关部门建设司，新疆生产建设兵团建设局，总后基建营房部工程局，国资委管理的有关企业，有关行业协会：

根据《建设工程勘察设计管理条例》和《建设工程勘察设计资质管理规定》，我部制定了《工程设计资质标准》，现印发给你们，请遵照执行。原《关于颁发工程勘察资质分级标准和工程设计资质分级标准的通知》（建设〔200122号）中"工程设计资质分级标准"同时废止。其他有关规定与本标准不符的，以本标准为准。执行中有何问题，请与我部建筑市场管理司联系。

中华人民共和国建设部
二〇〇七年三月二十九日

为适应社会主义市场经济发展，根据《建设工程勘察设计管理条例》和《建设工程勘察设计资质管理规定》，结合各行业工程设计的特点，制定本标准。

一、总则

（一）本标准包括21个行业的相应工程设计类型、主要专业技术人员配备及规模划分等内容（见附件1：工程设计行业划分表；附件2：各行业工程设计主要专业技术人员配备表；附件3：各行业建设项目设计规模划分表）。

（二）本标准分为四个序列：

1. 工程设计综合资质

工程设计综合资质是指涵盖21个行业的设计资质。

2. 工程设计行业资质

工程设计行业资质是指涵盖某个行业资质标准中的全部设计类型的设计资质。

3. 工程设计专业资质

工程设计专业资质是指某个行业资质标准中的某一个专业的设计资质。

4. 工程设计专项资质

工程设计专项资质是指为适应和满足行业发展的需求，对已形成产业的专项技术独立进行设计以及设计、施工一体化而设立的资质。

（三）工程设计综合资质只设甲级。工程设计行业资质和工程设计专业资质设甲、乙两个级别；根据行业需要，建筑、市政公用、水利、电力（限送变电）、农林和公路行业设立工程设计丙级资质，建筑工程设计专业资质设丁级。建筑行业根据需要设立建筑工程设计事务所资质。工程设计专项资质根据需要设置等级。

（四）工程设计范围包括本行业建设工程项目的主体工程和配套工程（含厂/矿区内的自备电站、道路、专用铁路、通信、各种管网管线和配套的建筑物等全部配套工程）以及与主体工程、配套工程相关的工艺、土木、建筑、环境保护、水土保持、消防、安全、卫生、节能、防雷、抗震、照明工程等。

建筑工程设计范围包括建设用地规划许可证范围内的建筑物构筑物设计、室外工程设计、民用建筑修建的地下工程设计及住宅小区、工厂厂前区、工厂生活区、小区规划设计及单体设计等，以及所包含的相关专业的设计内容（总平面布置、竖向设计、各类管网管线设计、景观设计、室内外环境设计及建筑装饰、道路、消防、智能、安保、通信、防雷、人防、供配电、照明、废水治理、空调设施、抗震加固等）。

（五）本标准主要对企业资历和信誉、技术条件、技术装备及管理水平进行考核。其中对技术条件中的主要专业技术人员的考核内容为：

1. 已经实施注册且需配备注册执业人员的专业，对其专业技术人员的注册执业资格及相应专业进行考核。

2. 尚未实施注册、尚未建立注册执业资格制度的和已经实施注册但不需配备注册执业资格人员（以下简称非注册人员）的专业，对其专业技术人员的所学专业、技术职称按附件2专业设置中规定的专业进行考核。主导专业的非注册人员需考核相应业绩，并提供业绩证明。各行业主导专业见工程设计主要专业技术人员配备表。

（六）申请二个以上工程设计行业资质时，应同时满足附件2中相应行业的专业设置或注册专业的配置，其相同专业的专业技术人员的数量以其中的高值为准。

申请二个以上设计类型的工程设计专业资质时，应同时满足附件2中相应行业的相应设计类型的专业设置或注册专业的配置，其相同专业的专业技术人员的数量以其中的高值为准。

（七）具有工程设计资质的企业，可从事资质证书许可范围内的相应工程总承包、工程项目管理和相关的技术、咨询与管理服务。

（八）具有工程设计综合资质的企业，满足相应的施工总承包（专业承包）一级资质对注册建造师（项目经理）的人员要求后，可以准予与工程设计甲级行业资质（专业资质）相应的施工总承包（专业承包）一级资质。

（九）本标准所称主要专业技术人员，年龄限60周岁及以下。

二、标准

（一）工程设计综合资质

1-1 资历和信誉

（1）具有独立企业法人资格。

（2）净资产不少于6000万元人民币。

（3）近3年年平均工程勘察设计营业收入不少于10000万元人民币，且近5年内2次工程勘察设计营业收入在全国勘察设计企业排名列前50名以内；或近5年内2次企业营业税金及附加在全国勘察设计企业排名列前50名以内。

（4）具有2个工程设计行业甲级资质，且近10年内独立承担大型建设项目工程设计每行业不少于3项，并已建成投产。

或同时具有某1个工程设计行业甲级资质和其他3个不同行业甲级工程设计的专业资质，且近10年内独立承担大型建设项目工程设计不少于4项。其中，工程设计行业甲级相应业绩不少于1项，工程设计专业甲级相应业绩各不少于1项，并已建成投产。

1-2 技术条件

（1）技术力量雄厚，专业配备合理。

企业具有初级以上专业技术职称且从事工程勘察设计的人员不少于500人，其中具备注册执业资格或高级专业技术职称的不少于200人，且注册专业不少于5个，5个专业的注册人员总数不低于40人。

企业从事工程项目管理且具备建造师或监理工程师注册执业资格的人员不少于10人。

（2）企业主要技术负责人或总工程师应当具有大学本科以上学历、15年以上设计经历，主持过大型项目工程设计不少于2项，具备注册执业资格或高级专业技术职称。

（3）拥有与工程设计有关的专利、专有技术、工艺包（软件包）不少于3项。

（4）近10年获得过全国优秀工程设计奖、全国优秀工程勘察奖、国家级科技进步奖的奖项不少于5项，或省部级（行业）优秀工程设计一等奖（金奖）、省部级（行业）科技进步一等奖的奖项不少于5项。

（5）近10年主编2项或参编过5项以上国家、行业工程建设标准、规范。

1-3 技术装备及管理水平

（1）有完善的技术装备及固定工作场所，且主要固定工作场所建筑面积不少于10000平方米。

（2）有完善的企业技术、质量、安全和档案管理，通过ISO9000族标准质量体系认证。

（3）具有与承担建设项目工程总承包或工程项目管理相适应的组织机构或管理体系。

(二) 工程设计行业资质

1. 甲级

1-1 资历和信誉

(1) 具有独立企业法人资格。

(2) 社会信誉良好，净资产不少于 600 万元人民币。

(3) 企业完成过的工程设计项目应满足所申请行业主要专业技术人员配备表中对工程设计类型业绩考核的要求，且要求考核业绩的每个设计类型的大型项目工程设计不少于 1 项或中型项目工程设计不少于 2 项，并已建成投产。

1-2 技术条件

(1) 专业配备齐全、合理，主要专业技术人员数量不少于所申请行业资质标准中主要专业技术人员配备表规定的人数。

(2) 企业主要技术负责人或总工程师应当具有大学本科以上学历、10 年以上设计经历，主持过所申请行业大型项目工程设计不少于 2 项，具备注册执业资格或高级专业技术职称。

(3) 在主要专业技术人员配备表规定的人员中，主导专业的非注册人员应当作为专业技术负责人主持过所申请行业中型以上项目不少于 3 项，其中大型项目不少于 1 项。

1-3 技术装备及管理水平

(1) 有必要的技术装备及固定的工作场所。

(2) 企业管理组织结构、标准体系、质量体系、档案管理体系健全。

具有施工总承包特级资质的企业，可以取得相应行业的设计甲级资质。

2. 乙级

2-1 资历和信誉

(1) 具有独立企业法人资格。

(2) 社会信誉良好，净资产不少于 300 万元人民币。

2-2 技术条件

(1) 专业配备齐全、合理，主要专业技术人员数量不少于所申请行业资质标准中主要专业技术人员配备表规定的人数。

(2) 企业的主要技术负责人或总工程师应当具有大学本科以上学历、10 年以上设计经历，主持过所申请行业大型项目工程设计不少于 1 项，或中型项目工程设计不少于 3 项，具备注册执业资格或高级专业技术职称。

(3) 在主要专业技术人员配备表规定的人员中，主导专业的非注册人员应当作为专业技术负责人主持过所申请行业中型项目不少于 2 项，或大型项目不少于 1 项。

2-3 技术装备及管理水平

(1) 有必要的技术装备及固定的工作场所。

(2) 有完善的质量体系和技术、经营、人事、财务、档案管理制度。

3. 丙级

3-1 资历和信誉

(1) 具有独立企业法人资格。

(2) 社会信誉良好，净资产不少于 100 万元人民币。

3-2 技术条件

(1) 专业配备齐全、合理，主要专业技术人员数量不少于所申请行业资质标准中主要专业技术人员配备表规定的人数。

(2) 企业的主要技术负责人或总工程师应当具有大专以上学历、10年以上设计经历，且主持过所申请行业项目工程设计不少于2项，具有中级以上专业技术职称。

(3) 在主要专业技术人员配备表规定的人员中，主导专业的非注册人员应当作为专业技术负责人主持过所申请行业项目工程设计不少于2项。

3-3 技术装备及管理水平

(1) 有必要的技术装备及固定的工作场所。

(2) 有较完善的质量体系和技术、经营、人事、财务、档案管理制度。

(三) 工程设计专业资质

1. 甲级

1-1 资历和信誉

(1) 具有独立企业法人资格。

(2) 社会信誉良好，净资产不少于300万元人民币。

(3) 企业完成过所申请行业相应专业设计类型大型项目工程设计不少于1项，或中型项目工程设计不少于2项，并已建成投产。

1-2 技术条件

(1) 专业配备齐全、合理，主要专业技术人员数量不少于所申请专业资质标准中主要专业技术人员配备表规定的人数。

(2) 企业主要技术负责人或总工程师应当具有大学本科以上学历、10年以上设计经历，且主持过所申请行业相应专业设计类型的大型项目工程设计不少于2项，具备注册执业资格或高级专业技术职称。

(3) 在主要专业技术人员配备表规定的人员中，主导专业的非注册人员应当作为专业技术负责人主持过所申请行业相应专业设计类型的中型以上项目工程设计不少于3项，其中大型项目不少于1项。

1-3 技术装备及管理水平

(1) 有必要的技术装备及固定的工作场所。

(2) 企业管理组织结构、标准体系、质量、档案体系健全。

2. 乙级

2-1 资历和信誉

(1) 具有独立企业法人资格。

(2) 社会信誉良好，净资产不少于100万元人民币。

2-2 技术条件

(1) 专业配备齐全、合理，主要专业技术人员数量不少于所申请专业资质标准中主要专业技术人员配备表规定的人数。

(2) 企业的主要技术负责人或总工程师应当具有大学本科以上学历、10年以上设计经历，且主持过所申请行业相应专业设计类型的中型项目工程设计不少于3项，或大型项目工程设计不少于1项，具备注册执业资格或高级专业技术职称。

（3）在主要专业技术人员配备表规定的人员中，主导专业的非注册人员应当作为专业技术负责人主持过所申请行业相应专业设计类型的中型项目工程设计不少于 2 项，或大型项目工程设计不少于 1 项。

2-3 技术装备及管理水平

（1）有必要的技术装备及固定的工作场所。

（2）有较完善的质量体系和技术、经营、人事、财务、档案等管理制度。

3．丙级

3-1 资历和信誉

（1）具有独立企业法人资格。

（2）社会信誉良好，净资产不少于 50 万元人民币。

3-2 技术条件

（1）专业配备齐全、合理，主要专业技术人员数量不少于所申请专业资质标准中主要专业技术人员配备表规定的人数。

（2）企业的主要技术负责人或总工程师应当具有大专以上学历、10 年以上设计经历，且主持过所申请行业相应专业设计类型的工程设计不少于 2 项，具有中级及以上专业技术职称。

（3）在主要专业技术人员配备表规定的人员中，主导专业的非注册人员应当作为专业技术负责人主持过所申请行业相应专业设计类型的项目工程设计不少于 2 项。

3-3 技术装备及管理水平

（1）有必要的技术装备及固定的工作场所。

（2）有较完善的质量体系和技术、经营、人事、财务、档案等管理制度。

4．丁级（限建筑工程设计）

4-1 资历和信誉

（1）具有独立企业法人资格。

（2）社会信誉良好，净资产不少于 5 万元人民币。

4-2 技术条件

企业专业技术人员总数不少于 5 人。其中，二级以上注册建筑师或注册结构工程师不少于 1 人；具有建筑工程类专业学历、2 年以上设计经历的专业技术人员不少于 2 人；具有 3 年以上设计经历，参与过至少 2 项工程设计的专业技术人员不少于 2 人。

4-3 技术装备及管理水平

（1）有必要的技术装备及固定的工作场所。

（2）有较完善的技术、财务、档案等管理制度。

（四）工程设计专项资质

1．资历和信誉

（1）具有独立企业法人资格。

（2）社会信誉良好，净资产符合相应工程设计专项资质标准的规定。

2．技术条件

专业配备齐全、合理，企业的主要技术负责人或总工程师、主要专业技术人员配备符合相应工程设计专项资质标准的规定。

3. 技术装备及管理水平
(1) 有必要的技术装备及固定的工作场所。
(2) 企业管理的组织结构、标准体系、质量体系、档案管理体系运行有效。

三、承担业务范围

承担资质证书许可范围内的工程设计业务，承担与资质证书许可范围相应的建设工程总承包、工程项目管理和相关的技术、咨询与管理服务业务。承担业务的地区不受限制。

（一）工程设计综合甲级资质

承担各行业建设工程项目的设计业务，其规模不受限制；但在承接工程项目设计时，须满足本标准中与该工程项目对应的设计类型对人员配置的要求。

承担其取得的施工总承包（施工专业承包）一级资质证书许可范围内的工程施工总承包（施工专业承包）业务。

（二）工程设计行业资质

1. 甲级

承担本行业建设工程项目主体工程及其配套工程的设计业务，其规模不受限制。

2. 乙级

承担本行业中、小型建设工程项目的主体工程及其配套工程的设计业务。

3. 丙级

承担本行业小型建设项目的工程设计业务。

（三）工程设计专业资质

1. 甲级

承担本专业建设工程项目主体工程及其配套工程的设计业务，其规模不受限制。

2. 乙级

承担本专业中、小型建设工程项目的主体工程及其配套工程的设计业务。

3. 丙级

承担本专业小型建设项目的设计业务。

4. 丁级（限建筑工程设计）

4-1 一般公共建筑工程

(1) 单体建筑面积 2000 平方米及以下。
(2) 建筑高度 12 米及以下。

4-2 一般住宅工程

(1) 单体建筑面积 2000 平方米及以下。
(2) 建筑层数 4 层及以下的砖混结构。

4-3 厂房和仓库

(1) 跨度不超过 12 米，单梁式吊车吨位不超过 5 吨的单层厂房和仓库。
(2) 跨度不超过 7.5 米，楼盖无动荷载的二层厂房和仓库。

4-4 构筑物

(1) 套用标准通用图高度不超过 20 米的烟囱。
(2) 容量小于 50 立方米的水塔。
(3) 容量小于 300 立方米的水池。

(4) 直径小于 6 米的料仓。

（四）工程设计专项资质

承担规定的专项工程的设计业务，具体规定见有关专项资质标准。

四、附则

（一）本标准主要专业技术人员指下列人员：

(1) 注册人员。

注册人员是指参加中华人民共和国统一考试或考核认定，取得执业资格证书，并按照规定注册，取得相应注册执业证书的人员。

注册人员专业包括：

注册建筑师；

注册工程师：结构（房屋结构、塔架、桥梁）、土木（岩土、水利水电、港口与航道、道路、铁路、民航）、公用设备（暖通空调、动力、给水排水）、电气（发输变电、供配电）、机械、化工、电子工程（电子信息、广播电影电视）、航天航空、农业、冶金、采矿/矿物、核工业、石油/天然气、造船、军工、海洋、环保、材料工程师；

注册造价工程师。

(2) 非注册人员。

非注册人员须具有大专以上学历、中级以上专业技术职称，并从事工程设计实践 10 年以上。

（二）本标准自颁布之日起施行。

（三）本标准由建设部负责解释。

附件1：工程行业划分表

附件2：各行业工程设计主要专业技术人员配备表（略）

附件3：各行业建设项目设计规模划分表（略）

附件4：各行业配备注册人员的专业在未启动注册时专业设置对照表（略）

附件5：建筑工程设计事务所资质标准（略）

附件6：工程设计专项资质标准（略）

说明：1.《住房城乡建设部民航局关于进一步开放民航工程设计市场的通知》（建市〔2017〕66号），自 2017 年 3 月 10 日施行，《工程设计资质标准》（建市〔2007〕86号）中的原民航行业工程设计资质标准（附件2-16、附件3-16、附件4-16）同时废止。

2.《住房城乡建设部关于促进建筑工程设计事务所发展有关事项的通知》（建市〔2016〕261号），自 2017 年 3 月 1 日起施行，《工程设计资质标准》（建市〔2007〕86号）中的建筑工程设计事务所资质标准同时废止。

3. 附件2、附件3、附件4 及附件6 的具体内容请登录住房城乡建设部官网下载。

附件1：工程设计行业划分表

序号	行业	备注
（一）	煤炭	
（二）	化工石化医药	含石化、化工、医药
（三）	石油天然气（海洋石油）	
（四）	电力	含火电、水电、核电、新能源
（五）	冶金	含冶金、有色、黄金
（六）	军工	含航天、航空、兵器、船舶
（七）	机械	
（八）	商务粮	含商业、物质、粮食
（九）	核工业	
（十）	电子通信广电	含电子、通信、广播电影电视
（十一）	轻纺	含轻工、纺织
（十二）	建材	
（十三）	铁道	
（十四）	公路	
（十五）	水运	
（十六）	民航	
（十七）	市政	
（十八）	农林	含农业、林业
（十九）	水利	
（二十）	海洋	
（二十一）	建筑	含建筑、人防

6. 关于印发《工程设计资质申请表》的通知

【发文信息】
1. 2013年8月1日住房城乡建设部建筑市场监管司发布；
2. 建市资函〔2013〕67号；
3. 自印发之日起原《工程勘察、工程设计资质申请表》废止。

关于印发《工程设计资质申请表》的通知

建市资函〔2013〕67号

各省、自治区住房城乡建设厅，直辖市建委（建设交通委），北京市规委，新疆生产建设兵团建设局，国务院有关部门建设司，总后基建营房部工程管理局，有关行业协会，有关中央企业：

根据《建设工程勘察设计资质管理规定》（建设部令第160号）、《建设工程勘察设计资质管理规定实施意见》（建市〔2007〕202号）和《工程设计标准》（建市〔2007〕86号），我司组织制定了《工程设计资质申请表》，现印发给你们，请遵照执行。自印发之日起，原《工程勘察、工程设计资质申请表》废止。

住房城乡建设部建筑市场监管司
2013年8月1日

工程设计资质申请表

申报企业：××××××××××××××××（公章）

填报日期：××××年××月××日

填表须知

一、《工程设计资质申请表》系申请工程设计［包括综合、行业、专业（含事务所）和专项工程设计］资质核定、升级、增项、延续等的专用表格。

二、本表要求用计算机打印，格式规范，不得涂改。

三、申请企业在申请工程设计［包括综合、行业、专业（含事务所）和专项工程设计］资质时需提交本表，并须提交相应附件材料，所需提交材料内容和份数按住房城乡建设部有关文件规定办理。为便于档案管理，申请单位所提交的申请表必须和标准申请表的规格一致，纸张应为A4纸。

申请表应与附件材料分开，其他要求提交的材料统一收集在附件材料中。附件材料要列出详细目录及页码范围，以便于查询。

四、申请企业应按要求逐项填报有关内容，需提交表中未列出的内容时，可在附件材料中说明。各页如纸张不够，可加附页。

五、申请企业填报材料必须真实，审查部门所做结论必须客观、明确，如有虚报、造假行为，一经查实，将按有关规定严肃处理。

六、申请工程设计行业、专业（含事务所）、专项资质的企业填写一、二、三、四、五、六、十、十一表。申请工程设计综合资质的企业填写一、二、三、六、七、八、九、十、十一表。

初审部门审查意见表

企业名称				此次申请内容	
现有资质等级范围				核定□　升级□ 增项□　延续□ 其他□	
指标类别	序号	考核指标		审查标准	审查认定值	达标情况
综合指标	1	注册资本				
	2	机构章程		——————	——————	
	3	资质证书		——————	——————	
	4	办公场所或房屋租赁合同		——————	——————	
	5	其他（改制证明、设备等）				
人员指标	6	主要技术负责人或总工程师				
	7	主要专业技术人员				
	8	设计综合资质要求的专业人数	初级以上职称人数	500		
			注册和高工人数	200		
			注册人数及专业数量	40（5个）		
业绩指标	9	工程业绩				
诚信记录	1	串通投标、弄虚作假、发生重大质量安全事故				
	2	违反国家工程建设强制性标准				
	3	超越资质等级承揽业务				
	4	其他违反法律、法规行为				

核验原件与复印件是否一致：　是□　否□　　　　　　　核验人签字：

（此栏内应填写明确意见）

负责人（签字）：
初审部门（盖章）：
　　　年　月　日

注：1. 单位的印章应为本单位公章或行政许可专用章，单位内设机构印章无效。
　　2. 本表综合指标和诚信记录涉及的纸质申报材料，经初审部门审查后，不再报住房城乡建设部，由初审部门在有效期内保管；人员和业绩指标涉及的纸质申报材料初审后上报住房城乡建设部审查。
　　3. 有关专业部门自接到住房城乡建设部资质材料至初审完毕并送达住房城乡建设部时间为20日，逾期住房城乡建设部将视为同意。

企业法定代表人声明

本人郑重声明：

本企业此次填报的《工程设计企业资质申请表》及附件材料的全部数据、内容是真实的，同样我在此所做的声明也是真实有效的。我知道虚假的声明与资料是严重的违法行为，此次资质申请提供的资料如有虚假，本企业愿接受住房城乡建设行政主管部门及其他有关部门依法给予的处罚。

企业法定代表人：（签名） （公章）

年 月 日

申请情况

现有资质及承接业务范围	
此次申请内容	新申请□　　核定□　　升级□　　增项□　　延续□　　其他□ 设计资质类别及等级 □综合资质： □行业资质： □专业资质： □专项资质： □事务所资质： 　　　　　　　　　　　　　　法定代表人（签名）　　　　　公章

一、企业基本情况

企业名称						
法定代表人		职务				
总工程师		学历		职称		工程设计工龄
		所学专业		执业资格		
通讯地址						
邮政编码		电话				
企业上级主管						
隶属关系 （国资委、地方、其他）						
最早成立时间		营业执照注册号			企业类型	
工商注册时间		资质证书编号			注册资本（万元）	
60岁及以下从事工程设计专业技术人员情况	人员总数：		人			
	其中：	1. 高级专业技术职称：		人		
		2. 中级专业技术职称：		人		
		3. 初级专业技术职称：		人		
从事工程设计主要专业技术人员情况	注册人员总数：		人	非注册人员总数：		人
从事工程项目管理注册人员情况	注册建造师：		人			
	注册监理工程师：		人			

注：本表有关人员情况的栏目均按企业实际人员情况填写。

二、企业主要技术负责人情况一览表

姓名	性别	年龄	学历	职称	所学专业	执业资格	工程设计工龄	身份证号	负责行业

注：1. 本表中的人员为与所申请行业资质相关的人员，与所申请行业资质无关的人员可不必填写。
2. 本表中人员需填写"专业技术人员基本情况及业绩表"。

三、从事工程设计注册人员情况一览表

序号	姓名	年龄	从事专业	注册专业及等级	执业注册证书号（执业印章号）	是否离退休	身份证号码	备注

注：1. 本表中的注册人员为与申请资质等级相关的人员，与所申请资质等级无关的人员可不必填写。
2. 本表按注册建筑师、注册结构工程师、注册造价师、其他设计注册工程师的顺序填写。

四、从事工程设计非注册人员情况一览表（主导专业）

序号	姓名	性别	年龄	职称	学历	所学专业	所在专业技术岗位	工程设计工龄	身份证号码	备注
一	××行业									
（一）	××××工程									
（二）	××××工程									
（三）	××××工程									
二	××行业									

注：1. 申请工程设计综合资质的企业不需填写此表。
2. 本表中的人员为与申请资质等级相关的人员，与所申请资质等级无关的人员可不必填写。
3. 本表中人员需填写"专业技术人员基本情况及业绩表"。

四、从事工程设计非注册人员情况一览表（非主导专业）

序号	姓名	性别	年龄	职称	学历	所学专业	所在专业技术岗位	工程设计工龄	身份证号码	备注
一	××行业									
（一）	××××工程									
（二）	××××工程									
（三）	××××工程									
二	××行业									

注：1. 申请工程设计综合资质的企业不需填写此表。
　　2. 本表中的人员为与申请资质等级相关的人员，与所申请资质等级无关的人员可不必填写。

五、工程设计非注册人员业绩一览表（主导专业）

序号	姓名	项目名称	项目规模及技术指标	起止时间	本人在工程设计中所起作用	完成项目的工程设计企业及资质等级	工程项目所在省（市）	完成工程项目设计企业所属省（市）
大型业绩								
中型业绩								
小型业绩								

六、企业业绩

序号	工程设计类型	工程设计项目名称	项目规模复杂程度	项目技术指标	工程项目所在省、市	工作始末时间	建成时间	备注
一		××行业工程设计						
二		××行业工程设计						
三		××行业工程设计						

注：1. 工程设计资质标准中对企业业绩有考核指标要求的需填写此表。
　　2. 本表中企业工程设计业绩需提供业绩证明，包括：工程设计合同主要页的复印件；建设单位（业主）出具的工程竣工、移交、试运行证明文件，或工程竣工验收文件的复印件。

七、从事工程项目管理注册人员情况一览表

序号	姓名	年龄	注册专业	注册类别及等级	执业印章号或注册证书号	是否离退休	身份证号码	备注

注：1. 申请工程设计综合资质的企业需填写此表。
2. 本表中的人员为与申请资质等级相关的人员，与所申请资质等级无关的人员可不必填写。

八、从事工程设计专业技术人员情况一览表

序号	姓名	性别	年龄	职称/注册专业	执业注册证书号（执业印章号）	所学专业	身份证号码	备注

注：1. 本表中的人员为与申请工程设计综合资质相关的人员，与工程设计综合资质无关的人员可不必填写。
2. 本表中注册人员需提供加盖执业印章的注册证书及身份证明复印件，其他人员需提供专业技术职称证书及身份证明复印件。
3. 本表中人员按注册人员、教授级高级工程师、高级工程师、工程师、助理工程师的顺序填写。

九、业务成果

序号	获奖项目名称或编制工程建设标准、规范、拥有工程设计专利、专有技术、工艺包名称	获奖类型及等级或编制工程建设标准、规范、拥有工程设计专利、专有技术、工艺包等级	获奖、专利批准时间或编制标准、规范完成时间	颁奖单位、工程建设标准、规范委托单位或专利、专有技术、工艺包批准或认定、认可单位	备注
一、专利、专有技术、工艺包（软件包）					
二、获奖情况					
三、主编、参编国家、行业工程建设标准、规范					

注：申请工程设计综合资质的企业需填写此表。

十、技术装备概况

序号	技术装备名称	型号规格	数量	主要性能	备注

十一、企业简历

企业名称变化：

企业资质变化：

专业技术人员基本情况及业绩表

单位名称：（盖章）
填表日期：

姓名		性别		出生年月	
身份证号		学历		所学专业	
所在专业技术岗位		技术职称		毕业院校及毕业时间	

工作简历

起止时间	工作单位	所在专业技术岗位	证明人及电话

本人完成主要设计项目概况

序号	项目名称	项目规模及技术指标	起止时间	本人在工程设计中所起作用	完成项目的工程设计单位及资质等级	证明人及电话

　　本人承诺以上填写内容真实有效。我知道虚假的声明与资料是严重的违法行为，以上关于我本人的基本信息及其业绩如有虚假，本人愿接受住房城乡建设行政主管部门及其他有关部门依法给予的处罚。

本人签字：

注：申报单位必须对此材料真实性负责。

7. 住房城乡建设部关于促进建筑工程设计事务所发展有关事项的通知

【发文信息】
1. 2016年11月24日由住房城乡建设部发布；
2. 建市〔2016〕261号；
3. 2017年3月1日起施行；
4. 自2017年3月1日起施行，《工程设计资质标准》（建市〔2007〕86号）中的建筑工程设计事务所资质标准同时废止。

住房城乡建设部关于促进建筑工程设计事务所发展有关事项的通知

建市〔2016〕261号

各省、自治区住房城乡建设厅，北京市规划国土委，天津、上海、重庆市建委，新疆生产建设兵团建设局，国务院有关部门建设司（局），有关行业协会：

按照《中共中央 国务院关于进一步加强城市规划建设管理工作的若干意见》要求，为建筑工程设计事务所发展创造更加良好的条件，激发设计人员活力，促进建筑工程设计事务所发展，决定简化《工程设计资质标准》（建市〔2007〕86号）中建筑工程设计事务所资质标准指标。现将有关事项通知如下：

一、简化建筑工程设计事务所资质标准指标。减少建筑师等注册人员数量，放宽注册人员年龄限制，取消技术装备、标准体系等指标的考核。具体标准详见附件。

二、招标人不得以不合理的条件限制或排斥建筑工程设计事务所参加资质许可范围内各类建筑工程设计投标。

三、各级住房城乡建设主管部门要进一步完善建筑工程设计事务所相关配套政策，建立健全工程设计责任保险制度，促进建筑工程设计事务所健康发展。

本通知自2017年3月1日起施行，《工程设计资质标准》（建市〔2007〕86号）中的建筑工程设计事务所资质标准同时废止，以往有关规定与本通知不一致的，以本通知为准。

附件：建筑工程设计事务所资质标准

中华人民共和国住房和城乡建设部
2016年11月24日

附件

建筑工程设计事务所资质标准

一、总则

（一）建筑工程设计事务所（以下简称设计事务所）是指由具备注册执业资格的专业设计人员依照《中华人民共和国合伙企业法》合伙设立的普通合伙企业或依照《中华人民共和国公司法》成立的有限责任公司（股份有限公司），从事建筑工程某一专业设计业务。

（二）设计事务所分为建筑设计事务所、结构设计事务所、机电设计事务所，均只设甲级。

（三）设计事务所名称中应当标明"建筑设计事务所""结构设计事务所"或"机电设计事务所"字样。

二、标准

（一）依照《中华人民共和国合伙企业法》设立的普通合伙企业形式的设计事务所

1. 建筑设计事务所

（1）合伙人出资总额不少于50万元人民币。

（2）合伙人中至少有1名具有良好职业道德的一级注册建筑师，且从事工程设计工作10年以上，在中国境内主持完成过两项大型建筑工程项目设计，近3年无因过错造成一般及以上质量安全责任事故的行为，其年龄不受60周岁以下的限制。

（3）有固定的工作场所。

2. 结构设计事务所

（1）合伙人出资总额不少于50万元人民币。

（2）合伙人中至少有2名具有良好职业道德的一级注册结构工程师，近3年无因过错造成一般及以上质量安全责任事故的行为。其中至少有1名一级注册结构工程师从事工程设计工作10年以上，且在中国境内主持完成过两项大型建筑工程项目设计。

（3）有固定的工作场所。

3. 机电设计事务所

（1）合伙人出资总额不少于50万元人民币。

（2）合伙人中至少有具有良好职业道德的注册公用设备工程师（给水排水）、注册公用设备工程师（暖通空调）和注册电气工程师（供配电）三个专业各不少于1名，且从事工程设计工作10年以上，在中国境内主持完成过两项大型建筑工程项目设计，近3年无因过错造成一般及以上质量安全责任事故的行为。其中有1名注册工程师年龄可以不受60周岁以下的限制。

（3）有固定的工作场所。

（二）依照《中华人民共和国公司法》成立的有限责任公司（股份有限公司）形式的设计事务所

1. 建筑设计事务所

（1）具有独立企业法人资格。

（2）社会信誉良好，净资产不少于300万元人民币。

（3）股东中至少有3名具有良好职业道德的一级注册建筑师，近3年无因过错造成一般及以上质量安全责任事故的行为。其中有1名一级注册建筑师年龄可以不受60周岁以下的限制；至少有1名一级注册建筑师从事工程设计工作10年以上，且在中国境内主持完成过两项大型建筑工程项目设计。

（4）有固定的工作场所。

2. 结构设计事务所

（1）具有独立企业法人资格。

（2）社会信誉良好，净资产不少于300万元人民币。

（3）股东中至少有3名具有良好职业道德的一级注册结构工程师，近3年无因过错造成一般及以上质量安全责任事故的行为。其中至少有1名一级注册结构工程师从事工程设计工作10年以上，且在中国境内主持完成过两项大型建筑工程项目设计。

（4）有固定的工作场所。

3. 机电设计事务所

（1）具有独立企业法人资格。

（2）社会信誉良好，净资产不少于300万元人民币。

（3）股东中至少有具有良好职业道德的注册公用设备工程师（给水排水）、注册公用设备工程师（暖通空调）和注册电气工程师（供配电）三个专业各不少于2名，近3年无因过错造成一般及以上质量安全责任事故的行为。其中从事工程设计工作10年以上的人员每个专业各不少于1名，且在中国境内主持完成过两项大型建筑工程项目设计。

（4）有固定的工作场所。

三、承担业务范围

（一）建筑设计事务所可以承接所有等级的各类建筑工程项目方案设计、初步设计及施工图设计中的建筑专业设计与技术服务。

（二）结构设计事务所可以承接所有等级的各类建筑工程项目方案设计、初步设计及施工图设计中的结构专业（包括轻钢结构）设计与技术服务。

（三）机电设计事务所可以承接所有等级的各类建筑工程（包括建筑智能化设计）方案设计、初步设计及施工图设计中的机电设备专业的设计与技术服务。

（四）取得设计事务所资质的企业可以根据工程的类别和性质作为承包方对建筑工程项目的设计实行总包。承包方应当自行完成建筑工程本专业的设计业务，并在保证整个建筑工程项目完整性的前提下，经发包方同意，将其他部分专业设计业务发包给具有相应资质的分包方。

建筑行业（建筑工程）建设项目设计规模划分见《工程设计资质标准》（建市〔2007〕86号）中附件3-21-1。

四、附则

（一）本标准所考核的注册人员应当为在本设计事务所注册的专职人员，除标准另有规定，其年龄限60周岁以下。

（二）本标准由住房城乡建设部负责解释。

8. 关于对人防工程设计资质管理有关问题的复函

【发文信息】
1. 2009 年 9 月 23 日住房城乡建设部办公厅发函；
2. 建办市函〔2009〕817 号。

关于对人防工程设计资质管理有关问题的复函

建办市函〔2009〕817 号

山东省住房和城乡建设厅：

你厅《关于人防工程设计资质管理有关问题的请示》收悉，现答复如下：

人防工程属于建设工程范畴。根据《建设工程勘察设计管理条例》第七条规定，国家对从事建设工程勘察、设计活动的单位，实施资质管理制度。具体办法由国务院建设行政主管部门商国务院有关部门制定。根据《建设工程勘察设计管理条例》第三十一条规定，国务院建设行政主管部门对全国的建设工程勘察、设计活动实施统一监督管理；县级以上地方人民政府建设行政主管部门对本行政区域内的建设工程勘察、设计活动实施监督管理。

中华人民共和国住房和城乡建设部办公厅
二〇〇九年九月二十三日

9. 关于取得建筑行业及建筑工程专业设计资质企业申请建筑装饰工程等六类专项资质有关问题的通知

【发文信息】

1. 2010 年 5 月 27 日住房城乡建设部发布；
2. 建市资函〔2010〕56 号；
3. 自下发之日起执行。

关于取得建筑行业及建筑工程专业设计资质企业申请建筑装饰工程等六类专项资质有关问题的通知

建市资函〔2010〕56 号

各省、自治区住房和城乡建设厅，直辖市住建委，北京市规委，总后营房部工程局，有关中央企业：

根据《建设工程勘察设计资质管理规定实施意见》（建市〔2007〕202 号）第四条规定："具备建筑工程行业或专业设计资质的企业，可承担相应范围相应等级的建筑装饰工程设计、建筑幕墙工程设计、轻型钢结构工程设计、建筑智能化系统设计、照明工程设计、消防设施工程设计等专项工程设计业务，不需单独申请以上专项工程设计资质"。为进一步落实上述规定，支持建筑工程设计企业积极开展资质所涵盖的相应专项工程设计业务，现将有关问题通知如下：

一、发证机关须在新核发的建筑行业或建筑工程专业资质证书业务范围中明确取得该资质企业可从事相应等级和范围的建筑装饰工程设计、建筑幕墙工程设计、轻型钢结构工程设计、建筑智能化系统设计、照明工程设计、消防设施工程设计等六类专项工程设计业务。

二、已核发建筑行业或建筑工程专业资质证书的企业，可在其资质证书有效期届满前按照《关于建设部批准的建设工程企业办理资质证书变更和增补有关事项的通知》（建市〔2005〕375 号）有关规定办理变更，或在其资质延续审核通过后，由发证机关在其新核发的资质证书中明确。

三、我部不再受理取得建筑行业或建筑工程专业设计资质的企业对该资质所涵盖相应范围和等级的六类专项资质的升级、增项申请。

四、本通知自下发之日起执行。

中华人民共和国住房和城乡建设部建筑市场监管司
二〇一〇年五月二十七日

10. 关于在工程设计资质审批中注册人员考核有关问题的函

【发文信息】
1. 2010 年 12 月 27 日住房城乡建设部发布；
2. 建市资函〔2010〕106 号；
3. 2011 年 4 月 1 日实施。

关于在工程设计资质审批中注册人员考核有关问题的函

建市资函〔2010〕106 号

各省、自治区住房和城乡建设厅，直辖市建委（建交委），北京市规委，国务院有关部门建设司（局），总后营房部工程管理局，国资委管理的有关中央企业：

为规范各地工程设计资质审查、审批工作，现将工程设计资质审查、审批中注册人员考核有关问题通知如下：

一、企业首次申请或升级、增项工程设计资质

1. 自 2011 年 4 月 1 日起，考核公用设备、电气、化工专业注册人员的注册执业资格及相应专业；

2. 其它勘察设计注册工程师自启动注册之日起，即对该专业注册人员的注册执业资格及相应专业进行考核。

二、企业申请工程设计综合资质

鉴于目前工程勘察设计系列（造价系列）的注册专业数量已经超过五个专业，企业申请工程设计综合资质需要按照《建设工程勘察设计资质管理规定实施意见》（建市〔2007〕202 号）第三十六条："工程勘察设计系列的注册专业数量达到或超过五个专业后，申请工程设计综合资质时，需要提供注册人员的注册执业证书、专业印章印鉴、身份证复印件"规定执行。

中华人民共和国住房和城乡建设部建筑市场监管司
二〇一〇年十二月二十七日

11. 住房城乡建设部关于调整工程设计综合资质中年度工程勘察设计营业收入指标考核有关问题的通知

【发文信息】
1. 2015年12月10日住房城乡建设部发布；
2. 建市〔2015〕202号。

住房城乡建设部关于调整工程设计综合资质中年度工程勘察设计营业收入指标考核有关问题的通知

建市〔2015〕202号

各省、自治区住房城乡建设厅，北京市规划委，天津、上海、重庆市建委，新疆生产建设兵团建设局，国务院有关部门建设司，总后基建营房部工程管理局，有关中央企业：

为落实《国务院关于第一批清理规范89项国务院部门行政审批中介服务事项的决定》（国发〔2015〕58号）"不再要求申请人提供经审计的财务报表"的要求，以及部分地区勘察设计行业实施营业税改增值税，不再对营业税金及附加排名的实际情况，现就工程设计综合资质中年度工程勘察设计营业收入指标考核有关问题通知如下：

一、将《建设工程勘察设计资质管理规定实施意见》（建市〔2007〕202号）中第（十四）条第7款"企业相应年度财务报表（资产负债表、损益表）、年度审计报告复印件"修改为"企业相应年度合法的财务报表（资产负债表、损益表）复印件"。

二、将《建设工程勘察设计资质管理规定实施意见》（建市〔2007〕202号）中第（三十四）条第1款中"综合资质中工程勘察设计营业收入、企业营业税金及附加排名，是指经建设部业务主管部门依据企业年度报表，对各申报企业同期的年度工程勘察设计营业收入或企业营业税金及附加从大到小的顺序排名；年度勘察设计营业收入、企业营业税金及附加，其数额以财政主管部门认可的审计机构出具的申报企业同期年度审计报告为准。"修改为"综合资质中工程勘察设计营业收入排名，是指经住房城乡建设部业务主管部门依据企业年度报表，对各申报企业同期的年度工程勘察设计营业收入从大到小的顺序排名；年度勘察设计营业收入数额以申报企业同期年度合法的财务报表为准。"

中华人民共和国住房和城乡建设部
2015年12月10日

12. 住房城乡建设部关于建设工程企业资质管理资产考核有关问题的通知

【发文信息】
1. 2016 年 6 月 16 日住房城乡建设部发布；
2. 建市〔2016〕122 号。

住房城乡建设部关于建设工程企业资质管理资产考核有关问题的通知

建市〔2016〕122 号

各省、自治区住房城乡建设厅，直辖市建委，北京市规划委，新疆生产建设兵团建设局，国务院有关部门建设司（局），有关中央企业：

根据《国务院关于第一批清理规范 89 项国务院部门行政审批中介服务事项的决定》（国发〔2015〕58 号）和《国务院办公厅关于加快推进落实注册资本登记制度改革有关事项的通知》（国办函〔2015〕14 号）的有关要求，住房城乡建设部决定对以下规范性文件作出如下修改：

一、将《关于颁发〈海洋工程勘察资质分级标准〉的通知》（建设〔2001〕217 号）中的"工商注册资金""注册资金"统一修改为"净资产"。

删除附件 1 第六条。

二、将《关于印发〈工程设计资质标准〉的通知》（建市〔2007〕86 号）中的"注册资本"统一修改为"净资产"。

三、删除《关于印发〈工程监理企业资质管理规定实施意见〉的通知》（建市〔2007〕190 号）第六条第二十九款。

删除附件 1、附件 2 中的"注册资本"和"注册资本金"。

四、将《关于印发〈建设工程勘察设计资质管理规定实施意见〉的通知》（建市〔2007〕202 号）中的"注册资本"统一修改为"净资产"。

将第六条第三十四款第二项修改为"2. 净资产《标准》中的净资产以企业申请资质前一年度或当期合法的财务报表中净资产指标为准考核"。

五、删除《关于印发〈工程建设项目招标代理机构资格认定办法实施意见〉的通知》（建市〔2007〕230 号）第一条第一款第四项。

将第一条第二款第三项修改为"企业上一年度合法的财务报告（含资产负债表、损益表及报表说明）的复印件"。

删除第五条第十九款。

删除附件 1 中的"注册资本"。

六、将《住房城乡建设部关于印发〈工程勘察资质标准〉的通知》（建市〔2013〕9 号）中的"实缴注册资本"统一修改为"净资产"。

七、将《住房城乡建设部关于建设工程企业发生重组、合并、分立等情况资质核定有关问题的通知》(建市〔2014〕79号)第一条中的"经审核注册资本金和注册人员等指标满足资质标准要求的"修改为"经审核净资产和注册人员等指标满足资质标准要求的"。

中华人民共和国住房和城乡建设部
2016年6月16日

13. 住房城乡建设部办公厅关于进一步推进勘察设计资质资格电子化管理工作的通知

【发文信息】

1. 2017 年 10 月 25 日住房城乡建设部办公厅发布；
2. 建办市〔2017〕67 号；
3. 自 2018 年 1 月 1 日起施行。

住房城乡建设部办公厅关于进一步推进勘察设计资质资格电子化管理工作的通知

建办市〔2017〕67 号

各省、自治区住房城乡建设厅，直辖市建委，北京市规划国土委，中央军委后勤保障部军事设施建设局：

为贯彻落实《国务院办公厅关于促进建筑业持续健康发展的意见》（国办发〔2017〕19 号）精神，加快推进我部简政放权、放管结合、优化服务改革，提高勘察设计资质资格审批效率，加强事中事后监管，现就推进勘察设计资质资格电子化管理有关工作通知如下：

一、实行勘察设计注册工程师网上申报制度。向我部申请勘察设计注册工程师初始注册、延续注册、变更注册、注销注册时，须通过"全国一级注册建筑师、注册工程师注册管理信息系统"（以下简称"注册管理信息系统"）进行网上申报，不再提交纸质申报材料。具体申报程序如下：

（一）申请注册人员登录我部网站（网址：www.mohurd.gov.cn）下载"注册管理信息系统"，打印并填写申请表，申请表经亲笔签名后连同相关附件材料一并提交聘用单位。

（二）聘用单位将经加盖本单位公章的申请表及相关附件扫描形成电子申报材料后，通过"注册管理信息系统"上报，相关纸质申报材料留存聘用单位备查。

（三）省级注册管理部门收到聘用单位上报的电子申报材料后，要按照《勘察设计注册工程师管理规定》处理，并在规定期限内将全部电子申报材料通过"注册管理信息系统"上报我部。

二、加强对申请勘察设计资质企业所报注册人员社保信息的审查。企业向我部申请勘察设计资质时，须报送由社会保险机构出具的注册人员在本企业缴纳社会保险费的证明。对于未在本企业缴纳社会保险费的注册人员，资质审查时不予认可。

三、各省级住房城乡建设主管部门要加快与有关部门和单位的信息整合和对接，加强本地区工程项目数据库建设。各地要按照《住房城乡建设部办公厅关于扎实推进建筑市场监管一体化工作平台建设的通知》（建办市函〔2017〕435 号）要求，在 2017 年 12 月 31 日前完成工程项目信息补录工作，将工程项目的招标投标、施工图审查、合同备案、施工许可、竣工验收备案等环节的数据全部纳入省级建筑市场监管一体化工作平台，与全国建筑市场监管公共服务平台实时对接联通，并保证上传数据及时、准确、完整。

对申请建筑行业、市政行业及其相应专业（人防工程专业除外）工程设计甲级资质（包括申请施工总承包特级资质的企业同时申请的相应设计资质）的企业，未进入全国建筑市场监管公共服务平台的企业业绩和个人业绩，在资质审查时不作为有效业绩认定。

四、申请资质企业和申请注册人员电子申报材料格式和内容应当分别符合建设工程企业资质网上申报和审批系统、"注册管理信息系统"要求。

五、申请注册人员和申请资质企业应当对申报材料的真实性和有效性负责。若发现申报材料中存在虚假内容或者承诺情况与实际情况不符的，我部将依法予以严肃处理，并将其行为记入全国建筑市场监管公共服务平台，对社会公开。

六、加大对举报投诉的查处力度。对我部转地方核查的反映申请资质企业涉嫌弄虚作假或者申请注册人员涉嫌违规注册的举报投诉，有关省级住房城乡建设主管部门要按要求组织核查并及时报送核查结果。情况核查清楚后，我部依法做出处理决定。

七、加强资质动态核查。省级住房城乡建设主管部门应当按照"双随机、一公开"原则，每年以不低于5%的比例对本地区勘察设计企业资质进行动态核查，重点核查发生质量安全事故、存在建筑市场不良行为记录及注册人员被撤销、吊销注册执业证书的企业。经核查已不符合相应资质标准的企业，省级住房城乡建设主管部门要下发责令限期改正通知书，整改期一般为3个月，整改后仍不达标的，依法撤回相应资质。其中，对由我部审批的企业资质，省级住房城乡建设主管部门要将撤回资质建议及相应材料报我部处理。

本通知自2018年1月1日起执行。

中华人民共和国住房和城乡建设部办公厅
2017年10月25日

14. 住房城乡建设部办公厅关于简化建设工程企业资质申报材料有关事项的通知

【发文信息】
1. 2018 年 9 月 30 日住房城乡建设部发布；
2. 建办市〔2018〕45 号；
3. 2018 年 10 月 8 日起施行。

住房城乡建设部办公厅关于简化建设工程企业资质申报材料有关事项的通知

建办市〔2018〕45 号

各省、自治区住房城乡建设厅，直辖市建委，北京市规划国土委，新疆生产建设兵团住房城乡建设局，国务院有关部门建设司（局），有关中央企业：

为深入推进建筑领域"放管服"改革，决定进一步简化建设工程企业资质申报材料。现将有关事项通知如下：

一、企业在申请工程勘察、工程设计、建筑业企业资质（含升级、延续、变更）时，不需提供企业资质证书、注册执业人员身份证明和注册证书，由资质许可机关根据全国建筑市场监管公共服务平台的相关数据自行核查比对。

二、企业在申请工程勘察、工程设计、建筑业企业资质（含新申请、升级、延续、变更）时，不需提供人员社保证明材料。由资质申报企业的法定代表人对人员社保真实性、有效性签字承诺，并承担相应法律责任。

三、各级住房城乡建设主管部门要充分运用信息共享等手段核实企业申报人员的真实性，加强对建设工程企业资质的动态监管。对不符合资质标准的企业，应当责令其限期整改，限期整改后仍不达标的，由资质许可机关撤回相应资质许可。对发现资质申报弄虚作假的企业，按照《建设工程企业资质申报弄虚作假行为处理办法》（建市〔2011〕200 号）有关规定处理，并计入企业诚信档案。

本通知自 2018 年 10 月 8 日起施行。

中华人民共和国住房和城乡建设部办公厅
2018 年 9 月 30 日

15. 住房和城乡建设部关于取消部分部门规章和规范性文件设定的证明事项的决定

【发文信息】
1. 2019 年 9 月 25 日住房城乡建设部发布；
2. 建法规〔2019〕6 号。

住房和城乡建设部关于取消部分部门规章和规范性文件设定的证明事项的决定

建法规〔2019〕6 号

各省、自治区住房和城乡建设厅，直辖市住房和城乡建设（管）委及有关部门，新疆生产建设兵团住房和城乡建设局：

为贯彻落实党中央、国务院关于减证便民、优化服务的部署要求，住房和城乡建设部决定取消部分部门规章和规范性文件设定的证明事项，相关证明事项自公布之日起取消。

附件：
1. 取消部门规章设定的证明事项目录
2. 取消规范性文件设定的证明事项目录

中华人民共和国住房和城乡建设部
2019 年 9 月 16 日

附件1：取消部门规章设定的证明事项目录

序号	证明事项名称	证明用途	设定依据	取消后的办理方式
17	执业资格证书复印件	申请勘察设计注册工程师执业资格初始注册	《勘察设计注册工程师管理规定》（建设部令第137号发布，根据住房和城乡建设部令第32号修正）	申请人不再提交，向主管部门作出书面承诺
18	达到继续教育要求的证明材料	逾期申请勘察设计注册工程师执业资格初始注册和申请延续注册		申请人不再提交，向主管部门作出书面承诺
19	受聘单位的企业资质证书	申请勘察设计注册工程师执业资格初始注册、延续注册和变更注册		申请人不再提交，向主管部门作出书面承诺
21	在公众媒体上刊登的遗失声明的证明	注册建筑师注册证书遗失补办	《中华人民共和国注册建筑师条例实施细则》（建设部令第167号）	申请人不再提交，由申请人告知许可机关，由许可机关在官网发布信息
25	工程造价岗位工作证明	申请一级注册造价工程师执业资格初始注册	《注册造价工程师管理办法》（建设部令第150号，根据住房和城乡建设部令第32号修正）	申请人不再提交，向主管部门作出书面承诺
26	注册造价工程师与原聘用单位解除劳动合同的证明文件	注册造价工程师申请变更注册		申请人不再提交，向主管部门作出书面承诺
27	在公众媒体上声明作废	注册证书或执业印章遗失补办		申请人不再提交，由申请人告知许可机关，由许可机关在官网发布信息
35	在公众媒体上刊登的遗失声明	建设工程勘察设计企业资质证书遗失补办	《建设工程勘察设计资质管理规定》（建设部令第160号，根据住房和城乡建设部令第24号、第32号、第45号修正）	申请人不再提交，由申请人告知许可机关，由许可机关在官网发布信息

附件2：取消规范性文件设定的证明事项目录

序号	证明事项名称	证明用途	设定依据	取消后的办理方式
2	军队或高校从事工程勘察的事业编制的注册人员和专业技术人员，所在企业上级人事主管部门的人事证明材料	工程勘察企业资质审批	《工程勘察资质标准实施办法》（建市〔2013〕86号）	申请人不再提交，向主管部门作出书面承诺
15	工程设计企业原工商注册地省、自治区、直辖市人民政府建设主管部门同意资质变更的书面意见	工程设计企业办理跨省资质变更	《住房城乡建设部关于建设工程企业发生重组、合并、分立等情况资质核定有关问题的通知》（建市〔2014〕79号）	申请人不再提交
16	工程勘察企业原工商注册地省、自治区、直辖市人民政府建设主管部门同意资质变更的书面意见	工程勘察企业办理跨省资质变更		申请人不再提交
17	遵守国家法律、职业道德及工作业绩证明	一级注册结构工程师资格考试报名	《关于一九九七年全国一级注册结构工程师资格考试及有关工作的通知》（建设〔1997〕233号）	申请人不再提交，向主管部门作出书面承诺
19	解除聘用劳动合同的证明，或近一个月的社保证明复印件；军队或高校从事工程勘察的事业编制的注册人员和专业技术人员，所在企业上级人事主管部门的人事证明材料	工程设计企业资质审批	《建设工程勘察设计资质管理规定实施意见》（建市〔2007〕202号）；《工程勘察资质标准实施办法》（建市〔2013〕86号）	申请人不再提交，向主管部门作出书面承诺
20	企业章程或合伙人协议文本复印件（建筑工程设计事务所除外）	建设工程勘察设计企业申请资质首次申请、增项、升级和延续，勘察设计企业资质证书变更		申请人不再提交，向主管部门作出书面承诺
21	注册执业人员注册证书	建设工程勘察设计企业申请增项、升级和延续，勘察设计企业资质证书变更		申请人不再提交，向主管部门作出书面承诺

16. 关于取消部分部门规章规范性文件设定的证明事项（第二批）的决定

【发文信息】
1. 2020 年 2 月 28 日住房城乡建设部发布；
2. 建法规〔2020〕2 号。

关于取消部分部门规章规范性文件设定的证明事项（第二批）的决定

建法规〔2020〕2 号

各省、自治区住房和城乡建设厅，直辖市住房和城乡建设（管）委及有关部门，新疆生产建设兵团住房和城乡建设局：

为贯彻落实党中央、国务院关于减证便民、优化服务的部署要求，住房和城乡建设部决定取消部分部门规章规范性文件设定的证明事项（第二批），相关证明事项自公布之日起取消。

附件：1. 取消部门规章设定的证明事项目录（第二批）
2. 取消规范性文件设定的证明事项目录（第二批）

中华人民共和国住房和城乡建设部
2020 年 2 月 18 日

附件1：取消部门规章设定的证明事项目录（第二批）（部分）

序号	证明事项名称	证明用途	设定依据	取消后的办理方式
4	前一个注册期的工作业绩证明	申请注册造价工程师延续注册	《注册造价工程师管理办法》（2006年12月25日建设部令第150号发布，根据2016年9月13日住房和城乡建设部令第32号修正） 第十条 注册造价工程师注册有效期满需继续执业的，应当在注册有效期满30日前，按照本办法第八条规定的程序申请延续注册。延续注册的有效期为4年。 申请延续注册的，应当提交下列材料： （四）前一个注册期内的工作业绩证明；	申请人不再提交，向主管部门作出书面承诺。
5	人事代理合同复印	申请注册造价工程师初始注册、变更注册	《注册造价工程师管理办法》（2006年12月25日建设部令第150号发布，根据2016年9月13日住房和城乡建设部令第32号修正） 第九条 取得资格证书的人员，可自资格证书签发之日起1年内申请初始注册。逾期未申请者，须符合继续教育的要求后方可申请初始注册。初始注册的有效期为4年。 申请初始注册的，应当提交下列材料： （六）受聘于具有工程造价咨询资质的中介机构的，应当提供聘用单位为其交纳的社会基本养老保险凭证、人事代理合同复印件，或者劳动、人事部门颁发的离退休证复印件； 第十一条 在注册有效期内，注册造价工程师变更执业单位的，应当与原聘用单位解除劳动合同，并按照本办法第八条规定的程序办理变更注册手续。变更注册后延续原注册有效期。 申请变更注册的，应当提交下列材料： （五）受聘于具有工程造价咨询资质的中介机构的，应当提供聘用单位为其交纳的社会基本养老保险凭证、人事代理合同复印件，或者劳动、人事部门颁发的离退休证复印件；	申请人不再提交。
6	劳动、人事部门颁发的离退休证复印件	申请注册造价工程师初始注册	《注册造价工程师管理办法》（2006年12月25日建设部令第150号发布，根据2016年9月13日住房和城乡建设部令第32号修正） 第九条 取得资格证书的人员，可自资格证书签发之日起1年内申请初始注册。逾期未申请者，须符合继续教育的要求后方可申请初始注册。初始注册的有效期为4年。 申请初始注册的，应当提交下列材料： （六）受聘于具有工程造价咨询资质的中介机构的，应当提供聘用单位为其交纳的社会基本养老保险凭证、人事代理合同复印件，或者劳动、人事部门颁发的离退休证复印件；	申请人不再提交，向主管部门作出书面承诺。

续表

序号	证明事项名称	证明用途	设定依据	取消后的办理方式
7	劳动、人事部门颁发的离退休证复印件	申请注册造价工程师变更注册	《注册造价工程师管理办法》(2006年12月25日建设部令第150号发布,根据2016年9月13日住房和城乡建设部令第32号修正) 第十一条 在注册有效期内,注册造价工程师变更执业单位的,应当与原聘用单位解除劳动合同,并按照本办法第八条规定的程序办理变更注册手续。变更注册后延续原注册有效期。 申请变更注册的,应当提交下列材料: (五)受聘于具有工程造价咨询资质的中介机构的,应当提供聘用单位为其交纳的社会基本养老保险凭证、人事代理合同复印件,或者劳动、人事部门颁发的离退休证复印件;	申请人不再提交,向主管部门作出书面承诺。
8	台港澳人员就业证书复印件	申请注册造价工程师初始注册	《注册造价工程师管理办法》(2006年12月25日建设部令第150号发布,根据2016年9月13日住房和城乡建设部令第32号修正) 第九条 取得资格证书的人员,可自资格证书签发之日起1年内申请初始注册。逾期未申请者,须符合继续教育的要求后方可申请初始注册。初始注册的有效期为4年。 申请初始注册的,应当提交下列材料: (七)外国人、台港澳人员应当提供外国人就业许可证书、台港澳人员就业证书复印件。	申请人不再提交。
9	外国人就业许可证书、台港澳人员就业证书复印件	申请注册造价工程师变更注册	《注册造价工程师管理办法》(2006年12月25日建设部令第150号发布,根据2016年9月13日住房和城乡建设部令第32号修正) 第十一条 在注册有效期内,注册造价工程师变更执业单位的,应当与原聘用单位解除劳动合同,并按照本办法第八条规定的程序办理变更注册手续。变更注册后延续原注册有效期。 申请变更注册的,应当提交下列材料: (六)外国人、台港澳人员应当提供外国人就业许可证书、台港澳人员就业证书复印件。	申请人不再提交。
13	资格证书复印件	申请注册建筑师初始注册	《中华人民共和国注册建筑师条例实施细则》(2008年1月29日建设部令第167号发布) 第十八条 初始注册者可以自执业资格证书签发之日起三年内提出申请。逾期未申请者,须符合继续教育的要求后方可申请初始注册。 初始注册需要提交下列材料: (二)资格证书复印件; (六)相应的业绩证明;	申请人不再提交,向主管部门作出书面承诺。
14	相应的业绩证明			申请人不再提交,向主管部门作出书面承诺。

续表

序号	证明事项名称	证明用途	设定依据	取消后的办理方式
15	达到继续教育要求的证明材料	申请注册建筑师初始注册、延续注册和变更注册	《中华人民共和国注册建筑师条例实施细则》（2008年1月29日建设部令第167号发布） 第十八条　初始注册者可以自执业资格证书签发之日起三年内提出申请。逾期未申请者，须符合继续教育的要求后方可申请初始注册。 初始注册需要提交下列材料： （七）逾期初始注册的，应当提交达到继续教育要求的证明材料。 第十九条　注册建筑师每一注册有效期为二年。注册建筑师注册有效期满需继续执业的，应在注册有效期届满三十日前，按照本细则第十五条规定的程序申请延续注册。延续注册有效期为二年。 延续注册需要提交下列材料： （三）注册期内达到继续教育要求的证明材料。 第二十条　注册建筑师变更执业单位，应当与原聘用单位解除劳动关系，并按照本细则第十五条规定的程序办理变更注册手续。变更注册后，仍延续原注册有效期。 原注册有效期届满在半年以内的，可以同时提出延续注册申请。准予延续的，注册有效期重新计算。 变更注册需要提交下列材料： （五）在办理变更注册时提出延续注册申请的，还应当提交在本注册有效期内达到继续教育要求的证明材料。	申请人不再提交，向主管部门作出书面承诺。
16	聘用单位资质证书副本复印件	申请注册建筑师初始注册	《中华人民共和国注册建筑师条例实施细则》（2008年1月29日建设部令第167号发布） 第十八条　初始注册者可以自执业资格证书签发之日起三年内提出申请。逾期未申请者，须符合继续教育的要求后方可申请初始注册。 初始注册需要提交下列材料： （四）聘用单位资质证书副本复印件；	申请人不再提交，向主管部门作出书面承诺。
17	新聘用单位资质证书副本复印件	申请注册建筑师变更注册	《中华人民共和国注册建筑师条例实施细则》（2008年1月29日建设部令第167号发布） 第二十条　注册建筑师变更执业单位，应当与原聘用单位解除劳动关系，并按照本细则第十五条规定的程序办理变更注册手续。变更注册后，仍延续原注册有效期。 原注册有效期届满在半年以内的，可以同时提出延续注册申请。准予延续的，注册有效期重新计算。 变更注册需要提交下列材料： （二）新聘用单位资质证书副本的复印件；	申请人不再提交，向主管部门作出书面承诺。

附件2：取消规范性文件设定的证明事项目录（第二批）

序号	证明事项名称	证明用途	设定依据	取消后的办理方式
8	社会保险证明复印件	申请注册公用设备工程师、注册电气工程师、注册化工工程师延续注册和变更注册	《住房城乡建设部办公厅关于注册公用设备工程师、注册电气工程师、注册化工工程师延续注册和变更注册有关问题的通知》（建办市函〔2013〕200号） 附件：注册公用设备工程师、注册电气工程师、注册化工工程师延续注册和变更注册规程 二、（一）4. 由社会保险机构出具的近一个月在聘用单位的社保证明复印件； （二）5. 由社会保险机构出具的近一个月在聘用单位的社保证明复印件。	申请人不再提交，向主管部门作出书面承诺。
		申请工程勘察设计资质	《关于印发〈建设工程勘察设计资质管理规定实施意见〉的通知》（建市〔2007〕202号）（十一）8、（十二）7、（十三）7、（十五）6规定，申请工程设计资质，应当提交近一个月的社保证明复印件。 《住房城乡建设部办公厅关于进一步推进勘察设计资质资格电子化管理工作通知》（建办市〔2017〕67号） 二、企业向我部申请勘察设计资质时，须报送由社会保险机构出具的注册人员在本企业缴纳社会保险费的证明。 《住房城乡建设部关于印发〈工程勘察资质标准实施办法〉的通知》（建市〔2013〕86号） 附件1：《工程勘察资质申报材料清单》 15. 主要专业技术人员、技术工人申报前近1个月的社保证明复印件。	
10	原工程勘察、工程设计资质证书复印件	申请工程勘察设计资质	《住房城乡建设部关于印发〈工程勘察资质标准实施办法〉的通知》（建市〔2013〕86号）附件1：《工程勘察资质申报材料清单》 5. 原工程勘察资质证书正、副本复印件。 《关于印发〈建设工程勘察设计资质管理规定实施意见〉的通知》（建市〔2007〕202号） （十二）3、（十三）3、（十四）5、（十五）3规定，申请工程设计资质，应当提交原工程设计资质证书复印件。	申请人不再提交，向主管部门作出书面承诺。
11	消防专业培训合格证书	申请消防设施工程设计专项资质	《关于印发〈工程设计资质标准〉的通知》（建市〔2007〕86号）附件6-6：消防设施工程设计专项资质标准 二、（一）2、（3）在主要专业技术人员配备表规定的人员中，非注册人员应当具备中级以上工程类专业技术职称，且取得省级公安消防机构颁发的消防专业培训合格证书。	申请人不再提交，向主管部门作出书面承诺。

17. 住房和城乡建设部办公厅关于做好建筑业"证照分离"改革衔接有关工作的通知

【发文信息】

1. 2021年6月29日住房和城乡建设部发布；
2. 建办市〔2021〕30号。

住房和城乡建设部办公厅关于做好建筑业"证照分离"改革衔接有关工作的通知

建办市〔2021〕30号

各省、自治区住房和城乡建设厅，直辖市住房和城乡建设（管）委，北京市规划和自然资源委，新疆生产建设兵团住房和城乡建设局，国务院有关部门建设司（局），中央军委后勤保障部军事设施建设局，国资委管理的中央企业：

为贯彻落实《国务院关于深化"证照分离"改革进一步激发市场主体发展活力的通知》（国发〔2021〕7号）要求，深化建筑业"放管服"改革，做好改革后续衔接工作，现将有关事项通知如下：

一、按照国发〔2021〕7号文件要求，自2021年7月1日起，各级住房和城乡建设主管部门停止受理本文附件所列建设工程企业资质的首次、延续、增项和重新核定的申请，重新核定事项含《住房城乡建设部关于建设工程企业发生重组、合并、分立等情况资质核定有关问题的通知》（建市〔2014〕79号）规定的核定事项。2021年7月1日前已受理的，按照原资质标准进行审批。

二、为做好政策衔接，自2021年7月1日至新的建设工程企业资质标准实施之日止，附件所列资质证书继续有效，有效期届满的，统一延期至新的建设工程企业资质标准实施之日。新的建设工程企业资质标准实施后，持有上述资质证书的企业按照有关规定实行换证。

三、自2021年7月1日起，建筑业企业施工劳务资质由审批制改为备案制，由企业注册地设区市住房和城乡建设主管部门负责办理备案手续。企业提交企业名称、统一社会信用代码、办公地址、法定代表人姓名及联系方式、企业净资产、技术负责人、技术工人等信息材料后，备案部门应当场办理备案手续，并核发建筑业企业施工劳务资质证书。企业完成备案手续并取得资质证书后，即可承接施工劳务作业。

四、对于按照实行告知承诺方式改革的许可事项，各级住房和城乡建设主管部门应当明确实行告知承诺制审批的资质目录，制定并公布告知承诺书格式文本、告知承诺内容、核查办法和办事指南。对通过告知承诺方式取得资质证书的企业，要加强事中事后监管，经核查发现承诺不实的，依法撤销其相应资质，并按照有关规定进行处罚。

五、对于按照优化审批服务方式改革的许可事项，各级住房和城乡建设主管部门要进一步优化审批流程，推动线上办理，实行全程电子化申报和审批。要精简企业申报材料，不得要求企业提供人员身份证明和社保证明、企业资质证书、注册执业人员资格证书等证明材料，切实减轻企业负担。

六、《住房和城乡建设部办公厅关于开展建设工程企业资质审批权限下放试点的通知》（建办市函〔2020〕654号）和《住房和城乡建设部办公厅关于扩大建设工程企业资质审批权限下放试点范围的通知》（建办市函〔2021〕93号）明确的试点时间统一延长至新的建设工程企业资质管理规定实施之日。

附件：国发〔2021〕7号文件决定取消的建设工程企业资质

住房和城乡建设部办公厅
2021年6月29日

附件：国发〔2021〕7号文件决定取消的建设工程企业资质

1. 工程勘察资质

资质类别	序号	工程勘察资质类型	等级
专业资质	1	岩土工程勘察分项	丙级
	2	水文地质勘察专业	丙级
	3	工程测量专业	丙级

2. 工程设计资质

资质类别	序号	工程设计资质类型	等级
行业资质	1	水利行业	丙级
专业资质	1	建筑行业（建筑工程）专业	丙级、丁级
	2	市政行业（给水工程）专业	丙级
	3	市政行业（排水工程）专业	丙级
	4	市政行业（城镇燃气工程）专业	丙级
	5	市政行业（热力工程）专业	丙级
	6	市政行业（道路工程）专业	丙级
	7	市政行业（环境卫生工程）专业	丙级
	8	公路行业（公路）专业	丙级
	9	水利行业（水库枢纽）专业	丙级
	10	水利行业（引调水）专业	丙级
	11	水利行业（灌溉排涝）专业	丙级
	12	水利行业（围垦）专业	丙级
	13	水利行业（河道整治）专业	丙级
	14	水利行业（城市防洪）专业	丙级
	15	水利行业（水土保持）专业	丙级
	16	电力行业（送电工程）专业	丙级
	17	电力行业（变电工程）专业	丙级

3. 建筑业企业资质

资质类别	序号	建筑业企业资质类型	等级
施工总承包资质	1	建筑工程施工总承包	三级
	2	公路工程施工总承包	三级
	3	铁路工程施工总承包	三级
	4	港口与航道工程施工总承包	三级
	5	水利水电工程施工总承包	三级
	6	市政公用工程施工总承包	三级
	7	电力工程施工总承包	三级
	8	矿山工程施工总承包	三级

续表

资质类别	序号	建筑业企业资质类型	等级
施工总承包资质	9	冶金工程施工总承包	三级
	10	石油化工工程施工总承包	三级
	11	通信工程施工总承包	三级
	12	机电工程施工总承包	三级
专业承包资质	1	地基基础工程专业承包	三级
	2	起重设备安装工程专业承包	三级
	3	桥梁工程专业承包资质	三级
	4	隧道工程专业承包	三级
	5	钢结构工程专业承包	三级
	6	建筑机电安装工程专业承包	三级
	7	古建筑工程专业承包	三级
	8	城市及道路照明工程专业承包	三级
	9	公路路面工程专业承包	三级
	10	公路路基工程专业承包	三级
	11	铁路电务工程专业承包	三级
	12	铁路电气化工程专业承包	三级
	13	港口与海岸工程专业承包	三级
	14	航道工程专业承包	三级
	15	通航建筑物工程专业承包	三级
	16	水工金属结构制作与安装工程专业承包	三级
	17	水利水电机电安装工程专业承包	三级
	18	河湖整治工程专业承包	三级
	19	输变电工程专业承包	三级
	20	环保工程专业承包	三级

4. 工程监理企业资质

资质类别	序号	工程监理企业资质类型	等级
专业资质	1	房屋建筑工程专业	丙级
	2	市政公用工程专业	丙级
	3	公路工程专业	甲、乙、丙级
	4	水利水电工程专业	甲、乙、丙级
	5	港口与航道工程专业	甲级、乙级
	6	农林工程专业	甲级、乙级
事务所资质	1	事务所资质	不分等级

18. 住房城乡建设部关于进一步加强建设工程企业资质审批管理工作的通知

【发文信息】
1. 2023年9月6日住房城乡建设部发布；
2. 建市规〔2023〕3号；
3. 自2023年9月15日起施行，《住房城乡建设部关于建设工程企业发生重组、合并、分立等情况资质核定有关问题的通知》（建市〔2014〕79号）、《住房和城乡建设部办公厅关于开展建设工程企业资质审批权限下放试点的通知》（建办市函〔2020〕654号）和《住房和城乡建设部办公厅关于扩大建设工程企业资质审批权限下放试点范围的通知》（建办市函〔2021〕93号）同时废止。

住房城乡建设部关于进一步加强建设工程企业资质审批管理工作的通知

建市规〔2023〕3号

各省、自治区住房城乡建设厅，直辖市住房城乡建设（管）委，北京市规划和自然资源委，新疆生产建设兵团住房城乡建设局，国务院有关部门，有关中央企业：

为深入贯彻落实党的二十大精神，扎实推进建筑业高质量发展，切实保证工程质量安全和人民生命财产安全，规范市场秩序，激发企业活力，现就进一步加强建设工程企业资质审批管理工作通知如下：

一、提高资质审批效率。住房城乡建设主管部门和有关专业部门要积极完善企业资质审批机制，提高企业资质审查信息化水平，提升审批效率，确保按时作出审批决定。住房城乡建设部负责审批的企业资质，2个月内完成专家评审、公示审查结果，企业可登录住房城乡建设部政务服务门户，点击"申请事项办理进度查询（受理发证信息查询）"栏目查询审批进度和结果。

二、统一全国资质审批权限。自本通知施行之日起，企业资质审批权限下放试点地区不再受理试点资质申请事项，统一由住房城乡建设部实施。试点地区已受理的申请事项应在规定时间内审批办结。试点期间颁发的资质，在资质证书有效期届满前继续有效，对企业依法处以停业整顿、降低资质等级、吊销或撤销资质证书的，由试点地区住房城乡建设主管部门实施。

三、加强企业重组分立及合并资质核定。企业因发生重组分立申请资质核定的，需对原企业和资质承继企业按资质标准进行考核。企业因发生合并申请资质核定的，需对企业资产、人员及相关法律关系等情况进行考核。

四、完善业绩认定方式。申请由住房城乡建设部负责审批的企业资质，其企业业绩应当是在全国建筑市场监管公共服务平台（以下简称全国建筑市场平台）上满足资质标准要求的A级工程项目，专业技术人员个人业绩应当是在全国建筑市场平台上满足资质标准要求的A级或B级工程项目。业绩未录入全国建筑市场平台的，申请企业需在提交资质申请前由业绩项目所在地省级住房城乡建设主管部门确认业绩指标真实性。自 2024 年 1 月 1 日起，申请资质企业的业绩应当录入全国建筑市场平台。申请由有关专业部门配合实施审查的企业资质，相关业绩由有关专业部门负责确认。

五、加大企业资质动态核查力度。住房城乡建设主管部门要完善信息化手段，对企业注册人员等开展动态核查，及时公开核查信息。经核查，企业不满足资质标准要求的，在全国建筑市场平台上标注资质异常，并限期整改。企业整改后满足资质标准要求的，取消标注。标注期间，企业不得申请办理企业资质许可事项。

六、强化建筑业企业资质注册人员考核要求。申请施工总承包一级资质、专业承包一级资质的企业，应当满足《建筑业企业资质标准》（建市〔2014〕159 号）要求的注册建造师人数等指标要求。

七、加强信用管理。对存在资质申请弄虚作假行为、发生工程质量安全责任事故、拖欠农民工工资等违反法律法规和工程建设强制性标准的企业和从业人员，住房城乡建设主管部门要加大惩戒力度，依法依规限制或禁止从业，并列入信用记录。企业在申请资质时，应当对法定代表人、实际控制人、技术负责人、项目负责人、注册人员等申报材料的真实性进行承诺，并授权住房城乡建设主管部门核查社保、纳税等信息。

八、建立函询制度。住房城乡建设主管部门可就资质申请相关投诉举报、申报材料等问题向企业发函问询，被函询的企业应如实对有关问题进行说明。经函询，企业承认在资质申请中填报内容不实的，按不予许可办结。

九、强化平台数据监管责任。住房城乡建设主管部门要加强对全国建筑市场平台数据的监管，落实平台数据录入审核人员责任，加强对项目和人员业绩信息的核实。全国建筑市场平台项目信息数据不得擅自变更、删除，数据变化记录永久保存。住房城乡建设部将以实地核查、遥感卫星监测等方式抽查复核项目信息，加大对虚假信息的处理力度，并按有关规定追究责任。

十、加强党风廉政建设。住房城乡建设主管部门要完善企业资质审批权力运行和制约监督机制，严格审批程序，强化对审批工作人员、资质审查专家的廉政教育和监督管理，建立健全追责机制。推进企业资质智能化审批，实现审批工作全程留痕，切实防止发生企业资质审批违法违纪违规行为。

本通知自 2023 年 9 月 15 日起施行。《住房城乡建设部关于建设工程企业发生重组、合并、分立等情况资质核定有关问题的通知》（建市〔2014〕79 号）、《住房和城乡建设部办公厅关于开展建设工程企业资质审批权限下放试点的通知》（建办市函〔2020〕654 号）和《住房和城乡建设部办公厅关于扩大建设工程企业资质审批权限下放试点范围的通知》（建办市函〔2021〕93 号）同时废止。《住房城乡建设部关于简化建筑业企业资质标准部分指标的通知》（建市〔2016〕226 号）、《住房和城乡建设部办公厅关于做好建筑业"证照分离"改革衔接有关工作的通知》（建办市〔2021〕30 号）与本通知规定不一致的，以本通知为准。

执行中的情况和问题，请及时反馈住房城乡建设部。

住房城乡建设部
2023 年 9 月 6 日

附件：已取消的工程监理企业资质证书换领对照表

资质类别	序号	现有资质	换领资质
专业资质	1	房屋建筑工程专业丙级	房屋建筑工程专业乙级
	2	市政公用工程专业丙级	市政公用工程专业乙级
	3	公路工程专业甲级	市政公用工程专业甲级或机电安装工程专业甲级
	4	公路工程专业乙级、丙级	市政公用工程专业乙级或机电安装工程专业乙级
	5	水利水电工程甲级	市政公用工程专业甲级或电力工程专业甲级
	6	水利水电工程乙级、丙级	市政公用工程专业乙级或电力工程专业乙级
	7	港口与航道工程专业甲级	市政公用工程专业甲级或机电安装工程专业甲级
	8	港口与航道工程专业乙级	市政公用工程专业乙级或机电安装工程专业乙级
	9	农林工程专业甲级	市政公用工程专业甲级或机电安装工程专业甲级
	10	农林工程专业乙级	市政公用工程专业乙级或机电安装工程专业乙级
事务所资质	1	事务所	房屋建筑工程专业乙级

19. 住房城乡建设部办公厅关于做好有关建设工程企业资质证书换领和延续工作的通知

【发文信息】
1. 2023年12月28日住房城乡建设部办公厅发布；
2. 建办市〔2023〕47号。

住房城乡建设部办公厅关于做好有关建设工程企业资质证书换领和延续工作的通知

建办市〔2023〕47号

各省、自治区住房城乡建设厅，直辖市住房城乡建设（管）委，北京市规划和自然资源委，新疆生产建设兵团住房城乡建设局，有关中央企业：

为做好有关建设工程企业资质证书换领和延续工作，现将有关事项通知如下：

一、《国务院关于深化"证照分离"改革进一步激发市场主体发展活力的通知》（国发〔2021〕7号）决定取消的建设工程企业资质，企业可在资质证书有效期届满前换领有效期1年的相应专业资质证书。工程勘察设计丙级、丁级资质换领相同专业乙级资质证书，施工总承包、专业承包三级资质换领相同专业二级资质证书，有关工程监理企业资质按《已取消的工程监理企业资质证书换领对照表》（见附件）换领相应专业等级资质证书。资质证书有效期届满前未申请换领相应资质证书的，逾期自动作废。取得有效期1年资质证书后，企业应在该资质证书有效期届满前，按有关资质管理规定和资质标准申请延续。

二、施工总承包一级资质、专业承包一级资质企业，资质证书有效期于2024年9月15日前届满的，企业申请延续时，可选择申请资质证书延续5年有效期或1年有效期。申请1年有效期资质证书的，暂不对企业的注册建造师等进行核查。企业应在资质证书1年有效期届满前，按有关资质管理规定和资质标准申请延续，经核查合格的颁发5年有效期资质证书。资质证书有效期届满前未申请延续的，逾期自动作废。

附件：已取消的工程监理企业资质证书换领对照表

住房城乡建设部办公厅
2023年12月28日

附件：

已取消的工程监理企业资质证书换领对照表

资质类别	序号	现有资质	换领资质
专业资质	1	房屋建筑工程专业丙级	房屋建筑工程专业乙级
	2	市政公用工程专业丙级	市政公用工程专业乙级
	3	公路工程专业甲级	市政公用工程专业甲级或机电安装工程专业甲级
	4	公路工程专业乙级、丙级	市政公用工程专业乙级或机电安装工程专业乙级
	5	水利水电工程甲级	市政公用工程专业甲级或电力工程专业甲级
	6	水利水电工程乙级、丙级	市政公用工程专业乙级或电力工程专业乙级
	7	港口与航道工程专业甲级	市政公用工程专业甲级或机电安装工程专业甲级
	8	港口与航道工程专业乙级	市政公用工程专业乙级或机电安装工程专业乙级
	9	农林工程专业甲级	市政公用工程专业甲级或机电安装工程专业甲级
	10	农林工程专业乙级	市政公用工程专业乙级或机电安装工程专业乙级
事务所资质	1	事务所	房屋建筑工程专业乙级

20. 住房城乡建设部办公厅关于进一步加强全国建筑市场监管公共服务平台项目信息管理的通知

【发文信息】
1. 2023年12月29日住房城乡建设部办公厅公布；
2. 建办市函〔2023〕391号。

住房城乡建设部办公厅关于进一步加强全国建筑市场监管公共服务平台项目信息管理的通知

建办市函〔2023〕391号

各省、自治区住房城乡建设厅，直辖市住房城乡建设（管）委，北京市规划自然资源委，新疆生产建设兵团住房城乡建设局：

为进一步加强全国建筑市场监管公共服务平台数据管理，落实各级住房城乡建设主管部门数据审核监管责任，强化工程项目信息录入和审核，现就有关事项通知如下。

一、完善工程项目数据标准。按照建设工程企业资质标准要求，我部对全国建筑市场监管公共服务平台（以下简称全国平台）工程项目信息数据标准进行了修订，修订后的工程项目信息数据标准见附件。请省级住房城乡建设主管部门抓紧修订完善省级建筑市场监管一体化工作平台相关数据标准，做好平台改造升级工作，于2024年3月31日前完成与全国平台对接。

二、加快工程项目信息归集

（一）地方各级住房城乡建设主管部门要将本级建筑市场监管一体化工作平台产生的工程项目信息，按规定逐级推送至全国平台。工程建设项目审批管理等系统的工程项目信息可共享至同级建筑市场监管一体化工作平台，并逐级推送至全国平台。

（二）勘察、设计、施工、监理企业可通过各级建筑市场监管一体化工作平台录入工程项目信息，并对信息的真实性和准确性负责。在本通知印发之日前已竣工验收的工程项目，企业需对项目信息进行补录的，应抓紧向项目所在地省级住房城乡建设主管部门提出补录申请，补录截止时间为2024年12月31日。

三、加强工程项目信息审核管理

（一）工程项目信息实行分级管理。A级数据由省级住房城乡建设主管部门审核确认，B级数据由市级住房城乡建设主管部门审核确认，C级数据由县级住房城乡建设主管部门审核确认，D级数据由建筑市场主体填报、未经住房城乡建设主管部门审核确认。

（二）企业向负责项目监管的住房城乡建设主管部门提出工程项目信息确认申请后，地方各级住房城乡建设主管部门要认真审核工程项目信息，确定数据等级并逐级推送至全国平台。审核确认时应当结合在项目监管过程中产生的工程档案信息，项目立项、招投标、施工图审查、施工许可、竣工验收备案等项目监管信息，以及工程项目共享信息。

（三）对于下级住房城乡建设主管部门推送的工程项目信息，上级住房城乡建设主管部门可审核后确认相应的数据信息等级再行推送，也可直接按照原数据等级进行推送。

四、强化资质申请业绩审核。办理住房城乡建设部资质审批事项所需企业业绩应由申请企业向项目在所在地省级住房城乡建设主管部门提出确认申请，个人业绩应由专业技术人员所在企业向项目所在地市级及以上住房城乡建设主管部门提出确认申请。住房城乡建设主管部门收到确认申请后，要向申请企业明确审核确认的办理时限，并向负责项目监管的住房城乡建设主管部门确认项目档案信息和项目监管信息。办理公路、水运、水利、通信、铁路、民航等专业工程资质的，由交通运输、水利、工业和信息化等专业部门确定业绩确认方式。

五、有关要求

（一）各级住房城乡建设主管部门要充分认识工程项目信息审核管理的重要性，进一步压实审核责任，严格把关，确保数据质量。省级住房城乡建设主管部门要制定本行政区域内统一的项目信息录入及审核规则，对市、县级住房城乡建设主管部门项目业绩录入工作实施审核、监督管理。对企业或个人将虚假项目信息录入平台的，经查实后记入企业或个人信用管理档案，并推送至全国平台标注为虚假项目。

（二）各级住房城乡建设主管部门要加强对权力运行的监督，责任落实到人，加强廉政风险防控，严禁工程项目信息数据审核监管工作中的权力寻租行为。省级住房城乡建设主管部门要建立违法违规案件报告和查处制度，健全本地区建筑市场监管一体化工作平台数据监控机制，指导平台运维单位开发数据异常系统预警功能，发现数据异常变化情况，及时调查处理并向我部建筑市场监管司报告。

附件：全国建筑市场监管公共服务平台工程项目信息数据标准（修订版）（略）

住房城乡建设部办公厅
2023 年 12 月 29 日

21. 关于建设部批准的建设工程企业办理资质证书变更和增补有关事项的通知

【发文信息】
1. 2005 年 12 月 16 日建设部发布；
2. 建设〔2005〕375 号；
3. 自 2006 年 1 月 1 日起执行。

关于建设部批准的建设工程企业办理资质证书变更和增补有关事项的通知

建设〔2005〕375 号

各省、自治区建设厅，直辖市建委，北京市规划委员会，江苏省、山东省建管局，新疆生产建设兵团建设局，国务院有关部门建设司（局），总后基建营房部工程管理局，国资委管理的有关企业：

为进一步贯彻落实《行政许可法》，简化资质证书变更、增补的程序、提高效率、方便企业，现将建设部批准的工程勘察、设计、建筑业、监理企业及招标代理机构（以下简称建设工程企业）资质证书办理变更和增补的有关事项通知如下：

一、办理范围

（一）资质证书的变更，除企业名称、资质证书编号两项变更，需经企业工商注册所在地省级建设行政主管部门审核后报建设部外，其他变更事项均由企业工商注册所在地省级建设行政主管部门办理，建设部不再办理。

（二）资质证书的增补，包括证书副本增加、更换、遗失补办，均由建设部办理。工程勘察、设计、监理企业和招标代理机构资质证书一正四副，施工企业资质证书一正六副。

二、办理程序和时限

（一）企业按照《建设工程企业资质证书变更审核表》（见附件 1，以下简称变更审核表）、《建设工程企业资质证书增补审核表》（附件 2，以下简称增补审核表）格式填写变更和增补申请，加盖单位公章后，向企业工商注册所在地省级建设行政主管部门申报，并提供相关材料（附件 3）。

（二）建设工程企业申请变更企业名称和资质证书编号的，由企业工商注册所在地省级建设行政主管部门对建设工程企业资质证书变更和增补审核表及相关材料进行审核，审核合格并签署审核意见后，将变更和增补审核表及相关材料报送建设部。

（三）由省级建设行政主管部门直接办理的变更，随时受理，2 个工作日内办结，并在办结完毕 15 日内要向建设部备案。备案内容包括：1. 建设工程企业资质证书变更备案表（附件 4）；2. 按现行电子申报渠道填报变更事项。

（四）建设部直接实施的建设工程企业资质证书变更和增补工作，由我部建筑市场管理司资质受理审查处承担，随时受理，2个工作日内办结，办理结果在建设部网站（http：//www.cin.gov.cn）上公布。

本通知自2006年1月1日起执行。

附件：1. 建设工程企业资质证书变更审核表
   2. 建设工程企业资质证书增补审核表
   3. 相关附件材料
   4. 建设工程企业资质证书变更备案表

中华人民共和国建设部
二〇〇五年十二月十六日

附件一：

<h2 style="text-align:center">建设工程企业资质证书变更审核表</h2>

工程勘察设计企业资质证书变更□
施工企业资质证书变更□
监理企业资质证书变更□
招标代理机构资质证书变更□

企业名称（单位公章）：

变更内容	变更前	变更后
省级建设行政 主管部门审核意见	审核人：（签字）　　　　　　　年　　月　　日 业务部门负责人：（签字）　　　年　　月　　日 单位负责人：（签字）　　　　　年　　月　　日 （公章）	
建筑市场管理 司审查意见	资质处审查人：（签字）　　　　年　　月　　日 资质处负责人：（签字）　　　　年　　月　　日 司领导：（签字）　　　　　　　年　　月　　日 （公章）	

（此表不够可另续表）

注：1. 省级建设行政主管部门的审核意见在表中注明，不再另行出具其他文件；
　　2. 省级建设行政主管部门在审查意见栏中的盖章为本单位公章（如省建委、建设厅等）或行政许可专用章，单位内设机构印章无效；
　　3. 办理资质证书编号变更时，变更后一栏由建设部统一填写。

相关附件材料：
　　1. 企业法人、合伙企业营业执照副本或营业执照预核准通知书复印件；
　　2. 企业所有资质证书正、副本原件及复印件；
　　3. 企业股东大会或董事会的决议；
　　4. 企业章程。

附件二：

建设工程企业资质证书增补审核表

工程勘察设计企业资质证书增补☐
施工企业资质证书增补☐
监理企业资质证书增补☐
招标代理机构资质证书增补☐

企业名称（单位公章）	增补（含增加、更换、遗失补办）资质证书数量		
	证书编号	正本	副本

省级建设行政主管部门审核意见	审核人：（签字）　　　　　　　年　月　日 业务部门负责人：（签字）　　　年　月　日 单位负责人：（签字）　　　　　年　月　日 （公章）
建筑市场管理司审查意见	资质处审查人：（签字）　　　　年　月　日 资质处负责人：（签字）　　　　年　月　日 司领导：（签字）　　　　　　　年　月　日 （公章）

（此表不够可另续表）

注：1. 省级建设行政主管部门的审核意见在表中注明，不再另行出具其他文件；
　　2. 省级建设行政主管部门在审查意见栏中的盖章为本单位公章（如省建委、建设厅等）或行政许可专用章，单位内设机构印章无效。
相关附件材料：
　　遗失补办证书的，需要提供全国性建筑行业报刊或省级以上（含省级）综合类报刊上刊登的遗失作废声明。

附件三：相关附件材料

相关附件材料

一、企业名称、资质证书编号的变更，办理时应当提供如下资料：

（一）企业法人、合伙企业营业执照副本或营业执照预核准通知书复印件；

（二）企业所有资质证书正、副本原件及复印件；

（三）企业股东大会或董事会的决议；

（四）企业章程；

（五）《建设工程企业资质证书变更审核表》。

二、增补（含增加、更换、遗失补办）企业资质证书的，办理时应当提供如下资料：

（一）遗失补办证书的，需要提供全国性建筑行业报刊或省级以上（含省级）综合类报刊上刊登的遗失作废声明；

（二）《建设工程企业资质证书增补审核表》。

附件四：

建设工程企业资质证书变更备案表

工程勘察设计企业资质证书变更□
施工企业资质证书变更□
监理企业资质证书变更□
招标代理机构资质证书变更□

企业名称（单位公章）：

变更内容	变更前	变更后
省级建设行政主管部门审核意见	单位负责人：（签字）　　年　月　日 （公章）	

注：省级建设行政主管部门在审查意见栏中的盖章为本单位公章（如省建委、建设厅等）或行政许可专用章，单位内设机构印章无效。

22. 住房城乡建设部关于印发《建设工程企业资质申报弄虚作假行为处理办法》的通知

【发文信息】
1. 2011年12月8日住房城乡建设部发布；
2. 建市〔2011〕200号；
3. 自发布之日起施行。

住房城乡建设部关于印发《建设工程企业资质申报弄虚作假行为处理办法》的通知

建市〔2011〕200号

各省、自治区住房城乡建设厅，直辖市建委（建交委），北京市规委，山东省建管局，新疆生产建设兵团建设局，国务院有关部门建设司（局），总后基建营房部工程管理局：

为加强建筑市场的准入清出管理，严肃查处建设工程企业资质申报中弄虚作假行为，依据《中华人民共和国建筑法》、《中华人民共和国行政许可法》等法律法规，我部制定了《建设工程企业资质申报弄虚作假行为处理办法》，现印发给你们，请遵照执行。

附件：建设工程企业资质申报弄虚作假行为处理办法

中华人民共和国住房和城乡建设部
二〇一一年十二月八日

建设工程企业资质申报弄虚作假行为处理办法

第一条 为建立和维护公平竞争、规范有序的建筑市场秩序，加强建筑市场的准入清出管理，严肃查处建设工程企业资质申报中弄虚作假行为，依据《中华人民共和国建筑法》、《中华人民共和国行政许可法》等法律法规，制定本办法。

第二条 本办法所称企业资质申报，是指工程勘察资质、工程设计资质、建筑业企业资质、工程监理企业资质、工程建设项目招标代理机构资格、工程设计与施工一体化资质的首次申请、升级、增项、延续（就位）等。

第三条 企业申报资质，必须按照规定如实提供有关申报材料，凡与实际情况不符，有伪造、虚报相关数据或证明材料行为的，可认定为弄虚作假。

第四条 对涉嫌在企业资质申报中弄虚作假行为的核查、认定和处理，应当坚持实事求是、责任追究与教育防范相结合的原则。

第五条 各级住房城乡建设主管部门应当依法按照行政审批权限，对涉嫌在资质申报中弄虚作假企业进行核查处理,不在行政审批权限范围内的,应当及时将相关情况逐级上报至有权限的住房城乡建设主管部门研究处理。涉嫌在资质申报中弄虚作假的企业应配合接受核查,并在规定时限内按要求提供证明材料。

铁路、交通、水利、信息产业等部门在资质审查中发现弄虚作假行为的,应将有关情况告知同级住房城乡建设主管部门,并配合核查。

第六条 住房和城乡建设部可委托省级住房城乡建设主管部门对涉嫌在资质申报中弄虚作假的企业进行核查。受委托部门应在规定时限内将核查的有关情况、原始材料和处理建议上报。

第七条 省级住房城乡建设主管部门应当每半年将资质申报中对弄虚作假行为的处理结果汇总上报住房和城乡建设部备案。

第八条 任何单位和个人有权向住房城乡建设主管部门举报企业在申报资质中弄虚作假的行为。对能提供基本事实线索或相关证明材料的举报,住房城乡建设主管部门应予受理,并为举报单位或个人保密。

第九条 住房城乡建设主管部门之间应当建立资质申报中弄虚作假行为的协查机制。协助核查的主管部门应当予以配合,并在规定时限内书面反馈核查情况。

第十条 住房城乡建设主管部门应在 20 个工作日内完成对涉嫌申报资质中弄虚作假企业的核查,可要求被核查企业提供相关材料;核查期间,暂不予做出该申报行政许可决定,核查时间不计入审批时限。

第十一条 因涉嫌在资质申报过程中弄虚作假被核查的企业,应积极配合相关部门核查。

第十二条 对资质申报中弄虚作假的企业,住房城乡建设主管部门按照行政审批权限依法给予警告,并作如下处理:

(一)企业新申请资质时弄虚作假的,不批准其资质申请,企业在一年内不得再次申请该项资质;

(二)企业在资质升级、增项申请中弄虚作假的,不批准其资质申请,企业在一年内不得再次申请该项资质升级、增项;

(三)企业在资质延续申请中弄虚作假的,不予延续;企业按低一等级资质或缩小原资质范围重新申请核定资质,并一年内不得申请该项资质升级、增项。

第十三条 对弄虚作假取得资质的企业,住房城乡建设主管部门依法给予行政处罚并撤销其相应资质,且自撤销资质之日起三年内不得申请该项资质。

第十四条 被核查企业拒绝配合调查,或未在规定时限内提供相应反映真实情况说明材料的,不批准其资质申报。

第十五条 受住房城乡建设部委托进行核查的省级住房城乡建设主管部门,逾期未上报核查结果的,住房城乡建设部给予通报批评,且不批准被核查企业的资质申请。

第十六条 对参与企业资质申报弄虚作假或为企业提供虚假证明的有关单位或个人,住房城乡建设主管部门给予通报批评或抄报有关部门依法进行处理。

第十七条 对参与企业资质申报弄虚作假的住房城乡建设主管部门及其工作人员,依法由其上级行政机关或者监察机关责令改正,对直接负责的主管人员和其他直接责任人员依法给予行政处分。

第十八条 住房城乡建设主管部门将企业资质申报中的弄虚作假行为作为企业或个人不良行为在全国诚信信息平台予以发布。

第十九条 本办法自发布之日起施行,原《对工程勘察、设计、施工、监理和招标代理企业资质申报中弄虚作假行为的处理办法》(建市〔2002〕40号)同时废止。

参考文献

[1] 方东祥. 工程勘察设计市场管理［M］. 北京：知识产权出版社，2005.

[2] 吴奕良，何立山，杨发君. 中国勘察设计发展史［M］. 北京：中国建筑工业出版社，2021.

[3] 中国勘察设计协会. 中国勘察设计五十年（第一卷）工程勘察设计综合卷［M］. 北京：中国建筑工业出版社，2006.

[4] 中国勘察设计协会. 中国勘察设计五十年（第七卷）工程勘察设计文献史料卷［M］. 北京：中国建筑工业出版社，2006.

[5] 建设部勘察设计司，中国化工勘察设计协会. 工程勘察设计单位体制改革有关政策文件汇编［G］. 2001.

[6] 中华人民建设部勘察设计司. 建设工程勘察设计咨询文件汇编（1992—1999）［G］. 北京：中国计划出版社，1999.

[7]《住房和城乡建设部历史沿革及大事记》编委会. 住房和城乡建设部历史沿革及大事记［M］. 北京：中国城市出版社，2012.